JN002675

# HSPとグレーゾーンな人たち

「私、HSPかもしれない…」と思ったら読む本

浜松医科大学名誉教授
高田明和

廣済堂出版

# はじめに

すぐに気分が落ち込んだり、不安になったりする人が増えています。

人と一緒にいるだけで疲れる。誰かのひと言が自分を暗に否定しているようで落ち込む。特に何もないのに不安でしょうがない。さっきまで楽しかったのに、すぐに気分が変わって落ち込む……。

同じ年代や同じ時期に仕事に就いた人が昇進した、転職した、結婚した……周りの人はエネルギーに満ち、輝いているのに、自分は周囲の人のちょっとしたひと言に右往左往し、また落ち込む……。

このままの私でこの先やっていけるのだろうか？　そう思うと不安は募るばかりです。

「元気を出して」

「頑張って」

「もっとテンション上げて」

こんなふうに励まされれば励まされるほど、それに応えられない自分が情けなくなる。

皆さんは、こんな経験はないでしょうか？

人間関係や仕事のストレスで身体を壊したり、気持ちが落ち込むことは誰にでも経験があるでしょうが、それが頻繁《ひんぱん》に起こるのです。

自分はどこかおかしい、どうしてこんなに「ヘタレ」なんだろう？

こう思って思い切ってメンタルクリニックに行っても、短い時間に症状を聞いて薬を処方してくれるだけ。

「会社を少し休みたいのですが……」

「では、診断書を書きましょう」

それで終わりです。

そうした症状は病気ではなく、単にあなたの気質なのかもしれませんし、不安になったり、気分が変わりやすかったり、落ち込むのは、こんな不安定な世の中にあっては当たり前のことかもしれません。

今の世の中はストレスに満ち溢れていますから、そうならないほうが逆に少しおかしいぐらいで、そのために不調を起こす人は増えるばかりです。

だから、そうした症状にもいろんな「病名」がつくようになりました。

うつ病、発達障害、不安障害、気分障害、適応障害……。

こうなってくると、自分も何かの病気なのではないかと思う人が多くなり、それがまたストレスを引き起こし、落ち込みや不安な心が増幅されていきます。

ですから、まず私が言いたいのは、不安だったり、気分が変わったり、悲しかったり、腹が立ったり、落ち込んだりすることを過度に恐れないでくださいということです。

思い当たることが自分にあったとしても、それは「普通のこと」だと思ってください。

今の世の中は、よく言われる「テンションが高い」ことに価値があると思われている時代かもしれません。

「テンションが高い」というのは、何があっても頑張れる、元気、明るい、人や自分を鼓舞できる、といったことに通じます。それが仕事の能率を上げ、成績を上げ、勝負に勝つパワーだと思われているからです。

その一方で、「テンションが低い」とか「落ち込む」といった言葉は、マイナスなイメージです。

「上司に叱られてテンションが上がらない」

「彼氏にフラれて落ち込みが激しい」

「……それって落ち込むよね」

こうした感じで用いられる言葉ですから、多くの人が高いテンションを保つために自分に発破《はっぱ》をかけ、無理をします。その結果、気分は余計に落ち込み、うつな感じになり、挙句は病院やクリニックに行くことに……。

テンションが高い状態とは、「気分が高揚する」「元気が出る」「わくわくする」「やる気が出る」などの意味で使われています。

テンション高め＝グッド

テンション低め（落ち込み）＝バッド

こう考えている人は多いのですが、本当にそうでしょうか？

「テンションが高い」のは一種の心の緊張状態を表し、テンションが低い＝落ち込みは、心が少し冷静になった状態のことです。

だから、実は心の「落ち込み」は悪いもの、排除する状態ではありません。人が生きていくために不可欠な心の状態なのです。

ですから、自分の状態や気分を、テンションが高いとか低いとかいったことによって、プラスかマイナスかという判断をするのは悪影響しかありません。

こうした言葉に振り回されるのはやめて、「気分」や「落ち込み」「不安」といったものを少し冷静に見つめてみましょう、と私は思うのです。

本書は、ちょっとしたことで「気分が落ち込む」「へこむ」「気持ちがふさぐ」といった気持ちになりやすい人に読んで欲しい本です。

それを「いけないことだ」「自分はへたれだ」「こんなことで落ち込むなんて情けない」と自分を責めて、よりその症状を重くしてしまいがちな人に向けた本です。

「落ち込み」は悪い状態ではありません。むしろ、心の平衡を保つために必要な感情です。

あとで詳しく述べますが、まず、これをしっかり覚えておいてください。

そのうえで、それでも「落ち込む」「気分がふさぐ」状態にすぐになってしまい、生きていくのが苦しい、つらいと感じる人は、自分がそうなりやすい気質＝繊細で敏感な人＝ＨＳＰかもしれないと考えてみるのも有効かもしれません。

というのは、「よく落ち込む」とか「もっとテンション上げなくては」と自分を責めて、逆にその症状を重くしてしまいがちな人は、その原因がある特定の病気ではなく、その人の気質も含めたいろんな要素が混ざりあっている可能性がある。というか、特定の病名をつけるのが困難な人である場合が多いからです。

専門的には「グレーゾーン」、あるいは「シャドーシンドローム」と言います。

一つの病名では特定できない、いろんな症状が混ざっていて、それゆえ、自分はいったいどうしたんだと混乱し、悩んでしまう人たちです。

病名が付けば、その方針に従って治療ができます。ところが「グレーゾーン」の人たちは、病名が付かないからこそ、余計に苦しいのです。それは医師にも他の人にも「自分の症状をわかってもらえない」ゆえの苦しさです。

新型コロナウイルスという世界的な禍《わざわい》を経験した現代は、今まで感じたことのないストレスも加わって、このグレーゾーンの人は確実に増え、そういう人たちの多くは、「敏感で繊細な」ＨＳＰと呼ばれる気質の持ち主である可能性も高くなっています。

かつて私自身も、自分がどうしてこんなに苦しいのか、生きづらいのかがわからず、何年も悩んできましたが、このＨＳＰの考え方を知ったときに救われました。

自分は自分のままでいいと、ようやく気付いたのです。

**「みんなちがって、みんないい」（金子みすゞ）**

自分と他人が違うのは、むしろ当たり前のこと。そう考えるだけで楽になれる人は多いのですが、同調圧力の強い日本社会では、周囲の人よりも「テンションが低い」とか「落ち込みやすい」というだけで、どんどん不幸になっていってしまう人がたくさんいます。

そうではなく、その違い、個性を生かし、より幸せな人生を送る。この本がＨＳＰかもしれないグレーゾーンの人たちを一人でも救うものになれば幸いです。

2021年2月吉日

高田明和

# CONTENTS

はじめに …… 001

## 1章 みんな「気分」に振り回される
### ——すぐに「落ち込む」人たち

「気分」を軽く見ないでください …… 017
その症状は「隠れHSP」かも …… 021
HSPの発見で急増したグレーゾーンの人たち …… 024
他人の嫌な気分をキャッチする苦しさ …… 026
1章まとめ …… 029

## 2章 その苦しさ、つらさは「病気か、気質か」チェック
### ——グレーゾーンの「隠れHSP」を見分ける

気分障害・発達障害・不安障害とＨＳＰの違い……033
気分障害のケース――離婚・再婚の間に激変したＬさん……041
刺激が必要な気分障害、刺激を避けるＨＳＰ……044
周囲に振り回されるＨＳＰ、周囲を振り回す気分障害……045
2章まとめ……049

3章
グレーゾーン急増の原因
――それは「うつり」にあった！

相手に自分の気持ちがわかってもらえない……053
相手の「鈍感さ」「無神経ぶり」がわからず、イライラする……058
同調圧力を人一倍感じる……060
周囲の気分が自分に「うつる」――それがＨＳＰの弱点……062
他人の習慣や欲求、クセ――何でも「うつる」のが人間……065

うつりのケース――同僚の転職に動揺し続けたCさん……066
私の息子のケース――うつり就職・転職に要注意……068
うつりと同調圧力……071
振り回された末に自分を取り戻したKさんのケース……073
うつり対処法①――別の角度から見て「思い込み」を変える……077
うつり対処法②――情報を避ける、遠ざける……079
うつり対処法③――避けるのが困難な上司への対処法……082
過去の自分の思いもうつる……083
3章まとめ……085

## 4章

# なぜ気分が「落ち込む」のか？

## ――知っておきたいさまざまな原因

冬は気分も体調も変化しやすい……089

ドーパミン・アドレナリンの悪影響 …… 091
テンションが下がったときに出る幸せホルモン、セロトニン …… 093
「中年クライシス」と男性ホルモンの関係 …… 096
恋愛はＨＳＰ体質をもたらす …… 101
シニア女性が急に元気になる理由 …… 103
4章まとめ …… 106

## 5章

# 「落ち込み」の大きなメリット
## ——「敏感さ・繊細さ」を生かすとっておきの方法

ＨＳＰに必要な「落ち込み」の時間——そのメリットとは？ …… 109
少し落ち着いたら、落ち込みの原因を探る …… 115
発達障害の落ち込みには原因がない …… 117
「見える化」にはこんなメリットがある …… 118

「自分トリセツ」を相手と交換する …… 120
「嫌な気分」で安易な行動を起こさない …… 121
上司からのうつりを遠ざける――「気分予報士」になったHさん …… 122
「気分の波」に乗ってみる …… 126
自分の気分を他人事のように観察してみる …… 129
落ち込みの波はすぐに去っていくと知る …… 130
5章まとめ …… 134

## 6章

## 「逆方向の生き方」をためしてみる

### ――生きづらさから解放されるために

「逆方向の生き方」とは？ …… 137
脳が「マイナスのカード集め」をしてしまう理由 …… 139
脳に「プラスのカード集め」を学習させるだけでいい …… 141

掃除・整理の効用 …… 144
気分転換を意識的にする …… 146
自信こそが解決を生む——とにかく「自信がある」ふりをする …… 148
バカ話と交話的会話術 …… 151
脳の断捨離——ぼんやりする …… 154
6章まとめ …… 157

## 7章 HSP・グレーゾーンの「困った！」あるある
### ——その危機を乗り越える簡単対処法

困った！ 「楽」「楽しい」という気持ちに罪悪感を抱いてしまう …… 161
困った！ 自分への評価が気になって仕方がない …… 164
困った！ すぐに頭がパニックになり、何から解決したらいいのか決断できない …… 168

困った！ 置いた場所を忘れる……「どこへ置いたっけ？」が多い……171
困った！ つい他人と比べて、強い劣等感を抱いてしまう……173
困った！ ネット・テレビ依存から抜けられない……177
困った！ 朝、ベッドからなかなか起き上がれない……181
困った！ すぐに結論が出ないと不安になる……183
困った！ 食事をつくる気が起きず、コンビニ食が多くなってしまった……186
あとがき……189

# 1章

# みんな「気分」に振り回される

## ――すぐに「落ち込む」人たち

現代は「気分」に振り回される時代です。

ハイテンションになったり、落ち込んだり、

「気分」に振り回され、息苦しさを感じている人たちが増えています。

他人の影響を受けやすいＨＳＰ気質の人たちは、

「他人の気分」にも振り回されてしまうのです。

# 「気分」を軽く見ないでください

「私は気分が変わりやすくて」とか「あの人は気分屋ね」などと、「気分」は日常的に使われることが多い言葉です。

「気分」という言葉は、軽く気楽に扱われてきました。ところが今の時代は、この軽いはずの「気分」に多くの人が知らず知らずのうちに振り回されています。

うつ病や発達障害、不安障害ほど重くはない、でもこの気分の変調・不調はどうしたことか。一つの病名では捉えられない症状に悩む人が増えています。

テンションが高く、ハイな気分になったかと思うと、すぐに落ち込む。集中力がある一方で、いろんな考えで頭が一杯になる。無神経な部分があると思えば、一つのことが気になって気になって仕方なかったりする……。

そういう「気分が変わりやすい」人たちが増えているのです。

では「気分」とはいったい何なんでしょうか。改めて考えてみると、なかなか厄介な存在です。

まず辞書で調べてみましょう。

①その場の雰囲気、空気
「パーティはまるでお祭り気分だったね」
「彼のおかげで会場の気分が盛り上がったよ」

②身体の状態に左右される気持ち
「車に酔って気分が悪くなった」
「走り過ぎて気分が悪い」

③ある状態によって左右される心持ち
「今日は仕事する気分じゃないなあ」
「遊びにいく気分にはなれない」
「気分が乗らない」
「あんなものを見て気分が悪くなった」

④その人の性格、気質、気性、気立て

「さっぱりした気分の人ですね」

「気分」という言葉の意味や用例を並べてみると、繊細で敏感な人＝HSPとの共通点

の多さに驚きます。

周りの影響を受けすぎる

←

周りの人の気分を自分のことのように感じる

←

周りの人が変わると自分の気分も変わる

ＨＳＰはこのような特徴を持つ人たちで、周りからの「同調圧力」にとても敏感に反応しますから、気分が変わりやすいのです。

今、「ＨＳＰかもしれないけど、他の病気かもしれない」グレーゾーンの人たちが増えていますが、その人たちの特徴も気分が変わりやすく、ちょっとしたきっかけで「落ち込みやすい」ということ。

その主な原因は、人間関係のストレスから逃げようと自分で自分に同調圧力をかけている。周囲からのストレスと闘ったり、跳ね返そうとするのではなく、自分の内面に抱え込んでいる可能性が高いのです。

## その症状は「隠れHSP」かも……

ＨＳＰのことをご存じない方のために説明しておくと、最近になって注目を浴びるようになってきたＨＳＰ（Highly Sensitive Person）とは、「とても繊細で敏感な人」という、５人に１人の割合で存在すると言われる、人間の気質を表す概念です。

ひと言でいうと「感じやすい人」「敏感すぎる人」。

何に対して感じやすいかは人によって千差万別で、そこにＨＳＰの悩みや厄介さがあります。

光や音、色、匂いといった五感が感じやすい人もいれば、人の言葉や動作に感じやすい人、また空気や雰囲気など見えないものを感じ取る能力が鋭い人もいます。

対象こそさまざまですが、とにかく感じ取る能力が高いのです。そのため、かつてはシャーマンや占い師といった高い地位に就くこともあったと思われます。

感じ取る能力が高いということは、特定部分のセンサーが人一倍鋭い、網の目が細かいわけです。網の目が細かいだけに、余計な情報も引っ掛かってしまうのです。

ＨＳＰでなくても、自分の興味のあることには、細部まで興味を向けるものです。好きな漫画の、あのキャラクターのファッションはこうだ、好きな映画のあのシーンの背景にはこんな絵画が掛けてあった……。現実の世界でも好意を抱いた人に向ける気持ちは、あのときあんな表情をした、あんなことを口にしたなど、記憶はより細やかになります。

その細やかさを自覚することで、「わかるのは私だけだな」「これがわかる私はすごい」などと密かな自尊心が芽生えたりもします。

繊細・敏感な人＝ＨＳＰも細やかなセンサーを持っているのは同じですが、違うのは、**センサーを向ける対象が自分で選んだものではないこと。そして、センサーが常に作動しているため、脳内に雑音が響き渡っているような感じがする**ところです。

こうしたＨＳＰの特徴を持つのは人間だけではなく、動物にも犬や猫に一定数いると考えられています。こうした能力は、あらゆる生物が本来「生き残る」ために必要な「気質」だからです。

そして、センサーを備えているのは15％から20％。つまり、私たちの周りには5人に

1人、そんな人がいるということです。

「気質」とは、本来その人が備えている遺伝的な要素のことです。目の色が黒い・青い、髪の毛が茶色い・黒い、まぶたが一重・二重といった、その人が生まれつき持っている特徴です。

こうした考えを発表したのは、アメリカの心理学者エレイン・アーロン。１９９６年、彼女自身が自らの「繊細さ・敏感さ」に悩み、苦しんだ末、見つけた概念でした。

彼女は言います。この危険に満ちた世界では、恐れを知らず向こう見ずであることは「勇猛果敢」。それがないと未知の分野を開拓することはできません。しかし、そんな人ばかりでは非常に危険が伴います。その危険を察知し、警告を発するのが繊細で敏感なＨＳＰなのだと。

つまりＨＳＰは、向こう見ずな人に少し冷静になるように促し、リスクを最小限にするためにはどうしたらいいのかをアドバイスできる必要不可欠な人たち。私たち人類は、この二つの性質をうまく使いながら、進歩してきました。

未知の世界に勇猛果敢に進み、新しい未来を切り開く人と、その人たちに先の危険を知らせ、リスク回避をさせるためのアドバイスをする人。

前者が兵隊タイプなら、後者（ＨＳＰの特徴を持つ人々）は「参謀タイプ」でしょうか。どんな作戦でもより確実に成功させるためには、この二つのタイプの人たちの「協力」こそが必要です。

しかし現代では、この二つのタイプの人たちが協力して何かを成し遂げるというより、勇猛果敢な人たちが、もう一方の繊細な人たちを「いじめ」ているように思えます。そして、いじめられている側だけでなく、いじめている側も、ある日突然「うつ」になったり落ち込んだりすることがある。現代はそういう厄介な時代なのです。

## ＨＳＰの発見で急増したグレーゾーンの人たち

ＨＳＰという概念を見つけたアーロンは、「弱虫」「神経質すぎる」などの言葉で幼い頃からずっと傷つき、苦しんでいました。

「一人になれる場所であるトイレで泣いていた」と言いますし、「このままでは気が違ってしまう」と落ち込んだとも言います。

私自身も同じような経験があります。長い間「うつ病」に苦しみ、しかしＨＳＰの概念にたどり着き、もしかしたら自分はＨＳＰではないかと、何年か前から研究し、何冊か本も出してきました（『「敏感すぎて苦しい」がたちまち解決する本』廣済堂出版」など）。

そして、自分が「うつ病」ではなく、さまざまな症状はこのＨＳＰという自分の気質から来るのではないかと確信めいたものが芽生えたとき、心から安心しました。

それは自分の「至らなさ」から来るのではなく（もちろん、至らなさはあるにしても）自分が人一倍「繊細で敏感」だからだとわかった。そして、それはある種の才能であり、誇るべき気質だと感じたからです。

私は大柄で話し声も大きく、とても繊細には見えない男だと思います。それゆえ、繊細さや敏感さが自分と結びつくとは思いもよらないことでした。

考えてみれば当然のことですが、外見と繊細さ、敏感さは関係ありません。一見、繊細・敏感とは無関係に見える人――声が大きい、ずばずばものを言う、周りに気遣いしない――といった人でも、繊細で傷つきやすいＨＳＰ気質であることはよくあります。

一見豪快な人に見えても、とても傷つきやすかったり、臆病だったりする。そんな人があなたの周囲にもいないでしょうか。

アーロンが提唱したＨＳＰという概念は、最近になってどんどん注目されるようになってきました。

従来は「うつ病」や「発達障害」ではないかと言われてきた人の中に、いろんな症状が混在している人たち、心身の不調をもたらしながら、一つの病気だと特定できない症状が混在している人たちが増え、そこにＨＳＰという従来なかった病気とも言えない症状を加えると、見えてくるものがあるからです。

これまでのうつ病や気分障害、不安障害などとは別の症状、あるいはそのどの症状にも当てはまる、あるいは当てはまらない……。そうなると、自分はいったいどの病気なんだと確定できないからこそ余計につらく、苦しいのです。

こうしたグレーゾーンにいる人たちは、病気というより自分は他人よりも繊細で敏感であるがゆえに生きづらいのではないかと、その独特の鋭さで気づき始めているのです。

## 他人の嫌な気分をキャッチする苦しさ

繊細で敏感なセンサーを持つ「ＨＳＰ気質」というものは、天から授かった大きな才能だとも言えますが、一方で周囲の空気＝気分がその人にとって害になる場合、それに振り回され、心身ともに苦しい状態に追い込まれます。

何しろ周りの空気、目に見えない雰囲気をキャッチする能力が高い。その上、現代は害になる情報が溢れていますから、それに振り回されて気分が悪くなるのは、当然とも言えます。

そう考えると、現代的な意味での「気分」とは、ＨＳＰのためにある言葉と言えるかもしれません。

繊細で敏感なＨＳＰ気質の人は、先に挙げた「気分」の意味の①、その場の空気、雰囲気を敏感に感じ取る「空気を読みすぎる人」とも言えます。その結果、一時的に過剰な反応――興奮したり、テンションが上がったり――して、それが身体にも影響してきます。

また逆に、身体の状態がすぐに心に影響するのも特徴です。②の身体の状態に左右される心（気持ち）です。

車や飛行機に弱く、乗ると頭痛や吐き気に襲われる人もいます。だからと言って身体が弱いというわけではありません。
そんな心身の「変調」が③の「今日はもう帰りたい気分だわ」「なぜか気分が乗らないの」といった心持ちを引き起こし、それがまた「気分の落ち込み」を大きくしていく。

周りの人たちもそんなあなたを「性格」と捉え、好意的な言葉では「繊細なんだね」と言われたり、マイナスな意味では「あの人はよく気分が変わるな」「神経質だな」と言われたりするわけです。

繊細・敏感なＨＳＰ気質の人は、心も身体も「気分に振り回される」人です。その「気分」には、いろんな要素がありますから、まずは、あなたを不愉快にさせる、あるいは、つらい気分をもたらすものをチェックしていきましょう。
それが「気分」をコントロールしていくことにつながるからです。

# 1章まとめ

★「気分」はこれまで軽く扱われてきたが、現代人はまさに「気分」に振り回されている。

★気分に振り回される人には気質（ＨＳＰ）と病（発達障害、気分障害、不安障害など）がある。

★ＨＳＰはは髪の毛や瞳が黒い、茶色いなどと同様に、その人が持っている遺伝的な気質で、発達障害、気分障害、不安障害などは脳内のあるホルモンの過不足などによって起こる生物学的な病気。

★繊細で敏感なＨＳＰは、生物が生き残るために必要な「気質」。それを備えているのは15%から20%、私たちの周りに5人に1人は存在する。

★うつ病や発達障害とは決められない、いろんな症状が混在するグレーゾーンの人が増えているのが現代。あなたも実は「隠れＨＳＰ」かもしれない。

# 2章

# その苦しさ、つらさは「病気か、気質か」チェック

## ――グレーゾーンの「隠れＨＳＰ」を見分ける

その落ち込みやすさ、生きづらさは、
持って生まれた気質か、それとも何かの病気か。
どちらとも言えない「グレーゾーン」と呼ばれる人たちが
増えています。
HSPとそれに似た病気の特徴を、まずは知っておきましょう。

# 気分障害・発達障害・不安障害とＨＳＰの違い

ＨＳＰ気質の人は気分に振り回されると言いましたが、同じように気分の移り変わりが激しい病気に「気分障害」というものがあります。うつ病や躁うつ病（双極性障害）もこれに含まれます。

「気分障害」という病名には馴染みがなくても、「躁うつ」という言葉は耳にしたことがあると思います。躁うつよりもっと気分に支配されているのが「気分障害」と言っていいかもしれません。他にも「不安障害」という、これも「気分」＝テンションに振り回されがちな病があります。

一方、今注目されている「発達障害」は、周りの空気、気分には支配されません。むしろ自分の内部＝脳内で起きる気ままな物質に支配されていると言えます。発達障害のなかのＡＤＨＤ（多動性障害）を「気分」という視点で見ると、常に動き回る、いわば「ずっとテンションが高い」気分に支配されている病気です。

同じ気分が変わりやすい状態でも発達障害・気分障害・不安障害とＨＳＰとでは、原因や対処法に大きな違いがあります。

しかし症状からすると、これらの病気とＨＳＰには共通点が多いため、そうした症状が起きると、すぐに病気と判断してしまいがちです。

現在、ほとんどの医師や精神科医は、ＨＳＰについての知識をあまり持っていません。病気ではないので専門に学ぶ機関も残念ながらありません。それゆえ、ＨＳＰとして対処することはなく、発達障害や気分、不安障害などの病気として診断、それが誤診の場合も多いと私は推測しています。

なぜなら、「発達障害」が注目されはじめると、いきなり「発達障害」の人が増えたからです。

もちろんある病気の診断を受ける人が増えると、それだけ確定される人が増えてきますが、それにしても多い。それはある症状だけを見て「発達障害」と決めてしまう医師が多いことも原因ではないでしょうか。

ＨＳＰの人は、周りにいる人の症状をも真似してしまうことが往々にしてあるのです。あとで、この**「うつり」**については詳しく説明します。

多くの人は、自分が落ち込み、会社や学校に行くのが苦痛になった、朝、目が覚めると気分が悪くなる、吐き気がするといった症状が起きるとどうするでしょうか？ 苦痛を感じている部位が胃や腸なら、最初は内科に行くのではないでしょうか。

そこで特に異常はないとされた場合、ストレスが原因ではないかと言われると、次に向かうのはメンタルクリニックではないでしょうか。

そこで医師に「苦しい、朝起きるのがつらい」などと症状を訴える。すると医師は、それらの症状から眠れないなら睡眠剤を、不安になるならそれを抑える薬を処方する。

しかし、それで症状は治まるでしょうか。

治まれば幸いですが、治まらなければ、不安は募るばかりです。そして再び病院に行く……薬の処方……という悪循環が始まるのです。

ＨＳＰ気質は病気ではないため、医学界では軽く扱われ、知らない医者もいるくらいです。医師にとってＨＳＰは、お金にならないからです。

つらい、苦しいと訴えてきた人に、「それはＨＳＰですね」と言っても、はっきり言ってお金になりません。訴えてきた症状の対処薬を出すだけです。薬では解決しないにも関わらず、そうするしかないからです。訴えてきた人が症状と薬の悪循環にハマっていくケースもよくあります。

気分に左右され「落ち込む」「気持ちが塞ぐ」といった症状は同じでも、それは病気なのか、ＨＳＰ気質なのか。


**うつ病を含む気分障害は、脳内のホルモンのアンバランスが原因の病気です。ＨＳＰは髪の毛や瞳の色が黒い・茶色いなどと同様に、その人が生まれ持った気質です。**


まずは、ここをはっきり理解しておきましょう。そして、自分はどちらなのかを見分けるために、うつ病、発達障害などの病気とＨＳＰの特徴を理解するようにしていきます。

まず、うつ病を含む気分障害とＨＳＰとで、ある症状が出たときと、出ない前を比べてみます。

苦しい、落ち込むといった症状が出る前は、人並み以上に自分は元気だったという場合は、うつ病を含む気分障害の可能性があります。

子どもの頃からなんらかのきっかけ、苦手な人と会ったあとや翌日、気分が悪くなるといった経験がある場合はＨＳＰ、発達障害、不安障害の可能性があります。

**病前と病後が大きく違う→うつ病を含む気分障害などの病気**
**ある症状が昔からある→ＨＳＰ、発達障害、不安障害**

大づかみに言うとこういうことですが、以下にそれぞれの特徴を述べてみます。

### ①うつ病の場合

症状が出る前と、出たあとの自分の違いに注目してください。

**うつ病は、症状が出たときと症状の出る前の人柄に大きな違い**が見られます。

たとえば、病気に罹る前は明るく元気だった人が、病気になると人が変わったように暗くなり、いきなり泣きだしたりすることもあります。

仕事が好きで、一日中でも仕事に前向きに打ち込んでいた人が、仕事をするのが苦痛になります。

趣味についても同じで、それまでのめり込んでいた趣味でも、いきなり興味を失ったりします。『うつ病九段』（文藝春秋）の著者で人気棋士・先崎学氏は将棋ができなくなってしまったほどです。

それまである意味、命がけでやっていたことができなくなる。そんな自分は「もうダメだ」「終わりだ」と自信を失い、将来を悲観してしまうわけです。

治療を受け、なんとか快方に向かったところで、今の自分＝何もできない自分を客観的に眺めてしまい、余計に将来を悲観してしまい自殺願望が起きることがあります。

うつ病は、快方期がもっとも危険と言われるのはそのためです。

**②不安障害の場合**

不安障害の人は、かなり前から常に不安で心が穏やかになることがあまりありません。

「会社が潰れたらどうしよう」「病気になったらどうなるんだろう」とさまざまな不安を自分自身で生み出していく。いわば、頭のなかに常にアラームが鳴っている状態です。バスや電車のなかで突然息苦しさに襲われるパニック障害も不安障害の一つです。

いじめられるかもしれないから学校や職場に行かない。
落ちるかもしれないから飛行機には乗らない。
家を出てから、鍵を閉め忘れたのではないかと心配でたまらない。

このように**行き過ぎた不安、それも自分の頭の中で自分で作り上げた不安におびえるのが「不安障害」**です。

逆に**ＨＳＰは、頭で作り上げた不安におびえるのではなく、周りの環境に不安の原因があります。**環境に敏感に反応するためにアラームが鳴るのです。

### ③気分障害の場合

気分の波が大きく、日常生活に支障をきたすのが気分障害です。うつ状態が続く「うつ病」、元気でエネルギーに満ちた時期と落ち込みが激しい時期が周期的にやってくる双極性障害、いわゆる「躁うつ病」があります。

躁状態のときには、よくしゃべり、次から次へとアイデアが湧いてきます。この状態だけのときだけを見ると、発達障害のアスペルガーやＡＤＨＤ（多動性障害）に似ています。

相違点は、**発達障害は同じ状態がある程度持続しますが、気分障害は突然、躁状態とうつ状態が交互に起きる**ことです。

気分障害の躁状態のときは自分に過剰な自信が持てますから、起業する、独立するなど強気な行動に出ることがあります。女性なら服装や男性関係が派手になることもあります。

躁状態のときは自分では調子がいいのですが、周りの人を振り回したり、困らせたりもします。躁状態のときの言動があとで大きなトラブルになることも多いため、病気と判断されたら早期の治療が必要です。

気分障害の人の気分が変わるのは、ほとんど前触れもなく突然です。ストレスを受けると気分が変調し、いきなり落ち込んだりしますが、これは体内のホルモンの分泌が変わるためです。

これまで明るく、何事にも積極的だった人がいきなり落ち込むのです。

このように、躁状態とうつ状態では、まるで別人であるかのような違いも見せることもあります。たとえば、私の経験では次のようなケースがありました。

## 気分障害のケース——離婚・再婚の間に激変したLさん

大人しく目立たないLさんは、話す声も小さく、聞き取れないこともしばしばでした。仕事と家庭の両立に忙しいLさんが私と話したときには、家族の面倒をみるのもやっとで、朝起きるのがつらい、子どもや夫が帰ってくるとやらなければいけないことができず苦しいと訴えていました。

ところが、久しぶりに会った彼女は豹変していました。化粧も濃く、身に付けている洋服も明るい。動作もきびきびしていて、前に勤めていた会社を辞め、夫と離婚して、新しいパートナーもできたとのことです。今は自分でビューティサロンを経営していると言います。「先生、全国的に展開しますから」と未来への希望に溢れているように見えました。

もしかしたら彼女は……と心配していましたが、それから何カ月か経った頃、共通の知人の話によると、彼女のサロンはその後うまく行かず、それが原因でうつ状態に陥っている。彼女の夫は、妻のサロン開業のために借りたお金の返済に苦慮した結果、ついに別れたと言います。

しかし、サロンを開く以前からの彼女を知っている私は、本当の原因は違うのではないかと思いました。サロンの経営難でうつ状態になり離婚したのではなく、いきなりエネルギーが切れたかのように「落ち込み」が始まり、それはサロン経営にも夫にも、興味をなくして、経営も家庭生活もうまくいかなくなったのではないか……これは私の見立てです。

「気分障害」の特徴は、躁うつの波が大きく、躁状態のときには元気でエネルギーに満ちているため、近づいてくる人も多く、その後、落ち込みやうつ状態に入ると、違う人格のように「暗く」なるので、周りの人は戸惑うのです。

芸術家には、こんな躁とうつが交互にやってくる人が多くいて、周りの人が日常から人生まで振り回されたというエピソードはよくあります。芸術家に限らず離婚・再婚を繰り返す人には、それが原因であるケースが多いのです。

### ④発達障害の場合

発達障害の中には、集中力が高く、周りを気にしないマイペースなアスペルガー（自閉症スペクトラム）と多動症・注意欠如障害のＡＤＨＤなどがあります。

感覚過敏やこだわりがあるためＨＳＰとの共通点も多いのですが、大きな違いは、**ＨＳＰが周りに気を遣いすぎて（空気を読みすぎて）疲れる、体調不良になるのに対し、発達障害は周りがまったく気にならない＝「空気が読めない」**傾向が見られることです。（拙著『ＨＳＰと発達障害　空気が読めない人　空気を読みすぎる人』参照）

### ⑤ＨＳＰの場合

遠足や運動会、パーティなどの楽しいことがあると気分が盛り上がるが、そのあと落ち込む。親や先生、友達の機嫌が悪いと自分も嫌な気分になる。

周りの人や環境によって気分が変わる傾向が幼い頃から続いている。

このように**ＨＳＰは幼い頃から落ち込みがちで、大人になってもその気質はあまり変わらない**のが特徴です。

転勤や結婚などでのストレスで、抑えていた不安からくる体調不良があるとしても、物心ついたときから多少の波はあっても、変わらず慎重で周りに振り回されやすい傾向があります。

## 刺激が必要な気分障害、刺激を避けるＨＳＰ

どんな人でも日常の刺激はある程度必要ですが、気分障害の人は、躁状態になったときに、刺激を求める欲求が強くなります。作家の北杜夫氏は、躁状態のときには日夜ぶっ通しで株式投資やギャンブルを続け、そのあとうつになる状態を繰り返していたと言います。

刺激を受けることでうつ状態を乗り切り、有意義な仕事をする人は多くいます。有名なところでは作家の開高健氏でしょうか。

彼も躁うつ病だったようですが、うつ状態になるとベトナムやアマゾン地帯などに赴いては取材し、その成果は『オーパ！』（集英社）という有名な本になっています。

彼は典型的な気分障害ではないかと推測できます。気分障害の人は、うつ状態でも自分の好きなことに対しては嬉々として向き合うことができるのです。

一方、ＨＳＰは特定の刺激によって不調が起きるので、その刺激を特定し、避ける、コントロールすることが課題になります。だから、日常生活にあえて刺激を求めない、避ける傾向があります。

気分障害の人は、仕事などに対してある時期には強気で、まったく動じず、心身の不調をきたすことはないが、うつ状態になると、同じ刺激に対して弱気で、落ち込み、不調をもきたす。波が大きいのです。

## 周囲に振り回されるHSP、周囲を振り回す気分障害

先に気分障害のケースで挙げたLさんは、明らかに周りを振り回しています。HSPにも周りを振り回す人がいますが、このような病気の場合とはちょっと違います。

たとえばHSPの人が、いきなり「転職したい」とか「自分はダメだ」と言い出し、周りの人がその言動に驚き、振り回される。こういうケースがありますが、よく観察してみると、その言い出した本人も他の人に振り回されているのです。

**HSPは、周囲の人の「気分」に影響を受けやすい**のです。周囲に元気な人がいると元気になり、落ち込みやすい人がいると自分も落ち込みやすくなります。つまり、他人

の影響を受けやすい。これがＨＳＰで周囲を振り回す人の特徴です（詳しくは、次章の「うつり」を参考にしてください）。

そして、そうした傾向は、本人は気づいていないかもしれませんが、幼い頃からあるのも特徴です。

子どもの頃、先生に褒められて有頂天になる。あるいはミスして叱られ、落ち込む。誰しも経験のあることでしょうが、こうした感情・気分の上がり下がりの激しい人、周りの評価に一喜一憂する傾向のある人は要注意です。

人間、歳を重ねるにつれ周囲の環境はどんどん変わっていきますが、その都度、他人からの評価が変わる傾向のある人は、ＨＳＰである可能性があります。

うつ病も含めた気分障害、あるいは発達障害と診断される人のなかにも、ＨＳＰの人がかなり含まれていることが最近わかってきました。

とくに気分障害は医師でも診断がとても難しい病気で、「気分障害」と診断される人のなかに、実はＨＳＰである人も多いのではないかと推測されるのは、以下のような理由からです。

①気分障害（躁うつ病）は、躁状態のときには元気で活発なため、本人も病気とは思わない。

②うつ（落ち込み）状態のときに病院に行くと、うつ病と診断されやすい。

## HSPと気分障害・不安障害・発達障害の主な違い

| | |
|---|---|
| 症状発覚前後の状態 | うつ病・気分障害・不安障害→かなり違う |
| | 発達障害・HSP→あまり変わらない |
| 周囲との関係 | HSP→周囲に気を遣う・振り回される・空気を読みすぎる |
| | 発達障害→周囲に無頓着・空気が読めない |
| 気分の変化と行動 | 気分障害→外部からの刺激に関係なく気分が一定していない・躁状態のときには、刺激を求める |
| | HSP→特定の刺激に弱く、その刺激に対し同じような反応（落ち込みや不調）を見せる |

③ＨＳＰは病名ではないため医師が判断しにくく、そもそも知らない医師も多い。

④気分障害、不安障害とＨＳＰは、似たような症状が多い。

先に述べたように、ＨＳＰも気分障害も「気分」に支配され、その時々で症状も変化しがちなので、診断が難しいのです。

しかし一度、病気と判断されると医者は薬を施しますから、薬を飲まずにはいられなくなります。そして、その薬が悪影響をもたらす可能性があります。正確な診断ならいいのですが、その診断自体、医師にさえ難しいのが現状なのです。

## 2章まとめ

★落ち込み、気分がよく変わる、涙が出るなど、同じ症状でもうつ病を含む気分障害、不安障害、HSPなど特定できないことがある。

★うつ病や発達障害の中にもHSPの人がかなりの割合でいると考えられる。

★うつ病を含む気分障害、不安障害、発達障害は脳の機能による病。HSPは、髪の毛の色や鼻が高い・低いなどと同様に、その人が持っている遺伝的な気質。

★今出ている症状は、子どもの頃からあったのか、あるいは人一倍元気だったのに突然変わったのかを見極めることが重要。

# 3章

# グレーゾーン急増の原因

## ――それは「うつり」にあった！

グレーゾーンの人たちが増えているのは、
HSP気質の人は他人の影響を受けやすく、他人の症状が
「うつってしまう」ことに大きな原因があります。
しかしHSPだけでなく、どんな人にも「うつり」はある。
それはなぜか？　を知っておきましょう。

繊細で敏感なＨＳＰ気質の人が生きづらい理由には、主に次のようなことが考えられます。

①相手に自分の気持ちがわかってもらえない。
②相手の「鈍感さ」「無神経ぶり」がわからない、イライラする。
③「同調圧力」を人一倍感じてしまう。
④経済や効率が優先される世界における圧迫感、違和感。

順番に説明していきましょう。

## 相手に自分の気持ちがわかってもらえない

これは繊細・敏感な人ではなくても、よくあることでしょう。

「どうして、私の気持ちがわからないのよ！」

こんな叫びは至る所で聞こえてきます。

家族、友人、恋人の間でも「どうしてわかってくれないの⁉」の言葉が使われるのは珍しいことではありません。

「引きこもり」は学校でのいじめ、職場でのパワハラなどが主な原因ですが、そういう人をさらに引きこもらせてしまうのは、家族の理解が得られないことです。家族にわかってもらえないことが、ますます外に出ることを難しくしてしまいます。

引きこもりをテーマにした『こもりびと』（松山ケンイチ主演）というＮＨＫのドラマがありました。

主人公は就職氷河期に就活に失敗して派遣社員となりますが、それを父親（武田鉄矢）に「せっかく大学まで行ったのに派遣にしかなれないのか」などと責められ、ファミレスで働いたものの、いじめにあって辞め、「逃げているんじゃないのか」と父親に言われ続け、30歳のときについに「引きこもり」に。それが10年近く続いているという設定です。

しかし、父親は自分が癌とわかり、自分の命がなくなる前に、息子に社会に出て欲しいと全力を尽くすことを決心、偽名を使ってスマホでやりとりしたりしますが、息子にそれがバレ、怒り狂った息子は歩道橋から飛び降りようとします。そのとき父親が放った言葉。

「何もしなくてもいい、生きていてくれたらいい！」

息子は父親のこの言葉で、息を吹き返し、一歩一歩でも社会に出ていこうとするのです。

子どもが生まれたとき、多くの親は「健康であってくれればいい」と願うものです。それがいつの間にか、「あの子はこうなのに、うちの子は……」と、他の子と比べ、子どもを傷つけるようになります。

そんな親に対して子どもは、「どうせ、自分の気持ちは（親にさえ）わかってもらえないんだ……」と、心の扉を閉ざすようになるのです。

自分の気持ちをわかってもらえない。それは、自分は他の人と違う、自分は彼らの仲間に入れないという悲しさをもたらします。社会的な存在である人間は、他人からの共感や承認があって、初めて自分の存在を「良し」とするのです。

でも、安心してください。

もしあなたが誰かにいじめられたり、パワハラをされているとしたら、その誰かはあなたの気持ちをわからないかもしれません。しかし、すべての人があなたのことを「わかってくれない人」なのではありません。

とくに今の時代は、ＨＳＰのように敏感・繊細なゆえに他人の気持ちに敏感（ＨＳＰの場合は、それが過剰になることがあるのですが）な人も増えているのです。

ですから、そういう場合は、周囲の人に思い切って、自分の気持ちを素直に口にするようにしましょう。

「こういうことは私には我慢できないの」

「どう考えても、そこまでされる理由はないと思うんだけど」

などと。

そして、そんな自分が今、して欲しいこと、わかって欲しい気持ちを具体的に表現するようにします。

「あの上司の声を聞くだけで気分が悪くなる」

「……そうなんだ。私は平気だけど、そういう苦手な人って誰でもいるよね」

「わかってくれてありがとう。じゃあ、あの声が聞こえてきたとき、私が外に行っても不思議に思わないでね」

自分の気持ちを誰かに素直に伝えることで「わかってくれる人」がいることを確認できた。また、思いを口にしたことで心が楽になります。

また「あの人の声をできるだけ聞きたくない」という自分の望みを口にし、それが現実に変化をもたらすことができれば、「私、自分の願いを口にしてもいいんだ」と自分への信頼感が高くなっていきます。

たとえ、現実に大した変化をもたらすことがなかったとしても、「素直に口にする」を続けるだけでも、「自分はこうしたいんだ」という自覚とそれを他人に言ったことでのすっきり感をもたらしますから、口にすることは悪いことではない、当たり前のことだと思えるようになります。

まずは、小さなことから実行してみましょう。

# 相手の「鈍感さ」「無神経ぶり」がわからず、イライラする

これは、自分の気持ちがわかってもらえない①とは逆に近いケースです。

「繊細・敏感」な人は、細かいことに気づき、気遣いができる人です。それだけに他の人の「無神経さ」に苛立つことがあります。

「大切な書類をあんなに雑に置いておいて、なぜ平気なの？」

30代のR子さんは、隣席の同僚の書類の置き方の乱雑さを目にするたびに心配してしまいます。

あるとき、その同僚がガサガサと書類を探している音に苛立ち、そのときからでしょうか、その人の机周りが気になって仕方がありません。デスクから離れ、戻るときについ目をやっては「まだあのままなんだ……」と嫌な気持ちになってしまいます。

そう思うぐらいなら見ないようにすればいいと頭ではわかっているのですが、なぜかつい見てはイライラしてしまいます。そのせいで、ランチの時間に、その同僚と一緒の席に座るのさえ嫌になってしまいました。

彼女がいるとその乱雑さが目に浮かぶ上、食事のときのトレイの置き方、食べ方を見ながらアラを探している自分に気づき、自己嫌悪にも陥るからです。

このＲ子さんのように、他人の「無神経ぶり」に嫌な思いを抱く「繊細・敏感」な人は多いのです。

仕事を持つ主婦が、家に帰ると家事の手助けをしてくれる夫に感謝の気持ちを抱くものの、たとえば、洗濯ものを取り込んでくれたのはいいけど、畳み方の雑さに「畳み直さなきゃいけないじゃない。これじゃあ負担が増えるだけじゃない」と思ってしまう、といったケースもよく耳にします。

こうした場合も、**自分が苛立つことがあれば、自分の望みを具体的に話す**ことが大切。ただし、そのとき大事なことは、**相手に対する感謝の気持ちも同時に添える**ことです。

たとえば、「手伝ってくれてありがとう、すごく助かります」と感謝を表し、「できれば、こうしてもらえるともっと嬉しいんだけど」と伝えることで、改善が期待できます。

R子さんのように、近くにいる人の言動がどうしても我慢できないなら、上司に席替えを願い出る方法もあります。

その際「書類の置き方が気になる」ではなく、たとえば「エアコンの風が直接当たるので体調が悪くなった」などの自己都合となる理由を探しましょう。「繊細・敏感な人」は本来、人一倍、人の気持ちがわかる人です。苛立ちを感じたら、相手を俯瞰して眺めることで、「ああ、この人が悪いわけではないんだ」と冷静さを取り戻せることがあります。

## 同調圧力を人一倍感じる

「同調圧力」とは、集団のなかで同じ意見、同じ考えではない人を、周囲の人と同じように考え行動するように、暗黙のうちに強制する（される）ことです。

いわゆる「いじめ」も「同調圧力」が主な原因になっています。自分の考えを絶対に正しいと思う人が、それに同調する人たちと一緒に、違う考えをする人を「それ、おかしいでしょ」といじめる。

同調圧力を受ける側のつらさは、①の自分の気持ちをわかってもらえないつらさに通じるものですが、ＨＳＰ気質の人は自分が少数派になることが多いため、多数派の人からこのような圧力を受けることがよくあります。

いじめに対して、「いや、いじめる側がよくない」と言うのは簡単です。しかし、いじめられる側はどうしても、「どうして自分は他の人と同じように感じることができないのか」「自分の考えはおかしいのだろうか」と考えてしまいます。

そのため、自分を良しとするより自己否定の方向に進みがちで、いわゆる「自己肯定感」が低くなってしまうのです。

コロナ禍の２０２０年に自殺した俳優の三浦春馬さんは生前、ネットである俳優の不倫を擁護するような意見を発し、その言葉に反発したものすごい数の非難が彼のＳＮＳに殺到したと聞きました。不倫の是非を問うこと以前に、自分が思うこと、感じたことを発した途端に、ヘイトコメントが殺到、それは恐怖以外の何物でもなかったことでしょう。

他の人よりその俳優をよく知る友人の立場でものを言ったがゆえの非難は、彼の心を大きく傷つけたのではないでしょうか。

このような「同調圧力」は至る所に隠れています。

多かれ少なかれ、人は周囲の人に影響を受けやすく、尊敬する人はもちろんのこと、そうでなくても周囲の人たちの真似をしたりするものです。

生まれてからこれまで、親やきょうだいを筆頭に、周囲の人たちの真似をし、いろんなものを自分に取り入れながら、人は生きていきます。いわば、自分の中に他人の何かが「うつる」ことで、人は成長していくのです。

この「うつり」は、ひいては人類が共存して生き延びるために大切な要素ですが、**他人の影響を受けやすいＨＳＰは、周りからの影響を自分で的確に取捨選択しながら生きることが苦手で、他人の影響を受けすぎてしまう。**ゆえに、周囲の環境に左右、振り回されるのが特徴です。

そのことをもう少し詳しく説明していきましょう。

## 周囲の気分が自分に「うつる」——それがＨＳＰの弱点

「繊細・敏感な人」は人に振り回されやすい人です。一緒にいる人の気分に影響を受けやすいため、相手が不機嫌だと「落ち込む」ことがよくあります。

その原因はいくつかあります。

相手の不機嫌さを自分のせいだと捉えてしまうことも、その一つです。

話す言葉、内容、態度……それらが相手に不愉快な思いをさせていたのではないかと強く思い込み、自分を責めてしまうのです。

こうなってしまうのは、自分に自信が持てないことも大きな理由です。ＨＳＰは現代では「臆病」「弱虫」といったマイナス評価をされることがあり、それが自信のなさにつながっていきます。

そしてもう一つ、周囲の人に振り回されやすい理由は「うつり」です。

**相手の不機嫌さや嫌な空気が、あなたにうつる**のです。

ＨＳＰは、声や態度の大きい人の言葉に逆らえず、そういう人の言いなりになってしまう傾向があります。

「こっちの映画のほうが絶対面白いから！」と言われると、自分の観たい作品を我慢して相手に従ったり、「それは間違っている！」と断言されると、逆のことを思っていても「そうかもしれない。私の判断は違うんだ」と思ってしまいがちです。

私にも覚えがあります。

それが原因で私は長い間「うつ状態」に苦しみ、若い頃、一時は大学教授や医師としての仕事を放棄しようとしたことがあります。

その原因は、ある禅の僧侶から突き付けられた私への低い評価でした。そのため私は自分自身を「全く価値のない人間」だと思ってしまったのです。

他人に低い評価をされたとしても「世の中にはいろんな人がいる。自分を評価しない人だっているさ」と思えればよかったのですが、他人から自分に発せられた言葉を、あたかも自分が自分に発した言葉のように、そのまま素直に受け取ってしまったのです。

つまり当時の私（いや、今でもその傾向はありますが）、他人と自分との区別、境界線が曖昧だったのです。

これがＨＳＰ気質のなせる業とは、当時は知る由もありませんが、このようにＨＳＰは、よく言えば、他人の感情を自分のもののように感じ取る能力が高いのです。

だから、映画や小説の悲しい運命の主人公に感情移入することが多く、自分のことのように引きずってしまう。他人の涙に同調しやすく、もらい泣きしてしまう。また、ドキュメンタリー番組などで悲惨な映像を見ると気分が悪くなったりもします。

誰でも多かれ少なかれこういうことはありますが、それがHSPは何倍も強いのです。

**HSPの大きな特徴は「自分と他人の区別が曖昧」なこと**と知っておいてください。

## 他人の習慣や欲求、クセ――何でも「うつる」のが人間

HSPほどではないにせよ、「うつり」は誰にでも見られます。多くの人は、周りの人の言動に少なからず影響を受けるのです。

スタンフォード大学の心理学のケリー・マクゴニガル教授は、「周りの人の言動はうつる」と述べています。

悪い習慣もよい習慣も「うつる」。

考え方のクセも「うつる」。

欲しいものもうつるので、結果として肥満のような体の状態もうつる、と彼女は述べ

ています。

「他人の欲求」を自分の欲求のように感じるので、ジャンクフードを食べてばかりいる人が周りに多いと、それがうつり、自分もジャンクフードをどんどん食べるようになる。逆に、周りの人の考えがうつるので、周囲の人の良い習慣もうつる。


こうしたことは多くの人に見られ、ＨＳＰは、その傾向がより強いということです。そうしたケースを少し紹介しましょう。

## うつりのケース——同僚の転職に動揺し続けたCさん

Ｃさんはある会社の広報部に勤め、今の仕事を自分の適職だと思っていました。

ある日、同僚のＤさんから「会社を辞める」とランチのときに打ち明けられました。

「実は、小さいけど別の会社に行くことになったの」

この言葉にＣさんは動揺しました。

同じ部には5人のメンバーがいますが、中堅のポジションにいるＤさんがいなくなれば当然、しばらくは残った人たちの負担が増えます。下手をするとずっとそのまま４人で仕事を回していく状態が続く可能性もあります。

だからCさんは最初、Dさんの転職話に動揺したのは、自分たちが今より忙しくなるのが嫌だからと思っていました。

しかし、Dさんがいなくなれば良いこともあります。Cさんは自分の仕事も面白いけど、Dさんのやっている仕事が自分の仕事よりもっと面白そうだと思っていた。そして、彼女がいなくなるなら、その仕事が回ってくる可能性が高いのです。

それにもかかわらず、嫌な状況になったという気持ちが先行したのは、なぜだったのでしょうか。

それは、今より忙しくなるからではなく、Cさんは自分が取り残されたような気がしたからです。

Dさんは自分たちをさし置いて、一人でもっといい場所に行こうとしている。それに引き換え自分にはそんな思い切りはなく、こんな場所でうずくまっている……そう思うと、ざわざわと心が騒いでいたのです。

これはDさんの思いや欲求が、Cさんにうつってしまったケースとも言えます。

彼女の転職の話を聞くまでは、仕事が面白くて不満はなく、生き生きと仕事をしていたのに、急に仕事が退屈に思えてきたCさん。職場の空気も以前ほど楽しく感じられない。次第にCさんは、自分が能力のない存在のように思え、気分の落ち込みを感じるようになってしまったのです。

## 私の息子のケース――うつり就職・転職に要注意

私の息子も似たような経験をしたことがあります。

彼はある大学の医学部に進学したのですが、ある時期、パソコンやＩＴに興味を持ち、プログラミングなどでプロ並みの技術を持つようになった。そんなこともあり息子は「学校をやめてＩＴ業界に進みたい」と言い出したのです。

今でもそうですが、その頃からＩＴ業界は収入も桁違いに多く、注目を浴びていました。そして、たまたま彼の同級生にもその世界に飛び込んだ人がいたのです。

その人は自分より成績が悪かったのに、すでに大金を稼いでいる。そう思うと自分だってと思わずにいられなくなったのかもしれません。

しかし、ＩＴ業界は変化が激しく、じっくり物事に取り組むタイプの息子に向いていているとは思えません。「とにかく今は学校を卒業して。進路のことはそれから考えたほうがいい」と私はアドバイスし、息子はしぶしぶ従いました。

やがて卒業する頃にはＩＴ業界への熱も収まり、息子は、当初目指していた医学の道に進みました。身につけたＩＴの技術は医学に生かしています。

私と同様に息子にはＨＳＰの傾向がありますから、周囲の影響を受けやすいと言えます。就職を考える時期に、その時代に注目されている職種があれば、当然、それを目指す周囲の友人も多くなります。彼はその影響をもろに受けてしまったのです。

まして現代は、転職をビジネスにしている時代。ネット、電車やテレビなど至るところに「もっといい人生を」「今の仕事、あなたの天職ですか？」といった広告が溢れています。仕事に不満を持っている人は多いですから、その不満を転職ビジネスはひたすら刺激してきます。

「転職してようやく生きがいを見つけた！」

「新しい仕事が天職だった！」

こうしたキャッチコピーで転職を促し、転職する人が多ければ多いほど儲かるビジネ

スですから、転職先が嫌ならまた転職すればいいと背中を押す。それに乗って次々と仕事を変え、成功する人もいるでしょうが、最後に行き場を失う人も多いのです。

仕事を変わりたいと思ったら、少し冷静になって事を進めましょう。

自分にあった仕事、職場を選ぶのは、人生でもっとも大切なことの一つです。それは本来自分の才能や持ち味、これならある程度のことは我慢できるという観点から選ぶのが賢明です。

他の人の「願い」を自分のことのように感じる**「うつり」傾向のあるＨＳＰは、「流行っている」「人気だ」という時代の空気にも染まりやすい。**このことは肝に銘じておきましょう。

## うつりと同調圧力

私は、『ＨＳＰと発達障害』（廣済堂出版）のなかで、「発達障害はうつる」と述べたことがあります。

察知能力の高いＨＳＰは、幼い頃から「周りの人の影響を受けやすい」という特徴があります。そのため「これはいいこと、これは悪いこと」という社会的な判断がまだ身についていない幼児期には、より強く周囲の影響を受けてしまうのです。

家族と一緒にアメリカに留学していたとき、私が実際に体験したことです。

当時、ある教会で発達障害の子どもたちを集めて生活指導をしていました。その集まりに遊びに行った私の長女は、だんだん発達障害の子どもたちを真似るようになり、動作が緩慢になったり、呂律《ろれつ》が回らなくなってきたのです。

どうしたことかと思った私は現場に行き、娘を観察しました。すると、発達障害の子どもたちと仲良くするために、彼らと同じ動作をしているのだと気づいたのです。

ＨＳＰでなくても、世の中で同じような現象は至る所で見ることができます。

「赤信号、みんなで渡れば怖くない」はビートたけしさんの有名なギャグですが、まさにその通りで、多くの人がやっていることは悪いことではないと思ってしまう。

ベストセラーになっている本は、みんなが読んでいるから読んでおこうかと思ったり、視聴率のいいテレビドラマは観ておこうかと思うのは、同じ話題を共有することで仲間意識を持つ（保つ）ためです。

こうしたものが悪いほうに出るのが「同調圧力」と言われるものです。

周囲と同じような行動をしないと「あの人、おかしい」と仲間外れにされる。同じテレビ番組の話で盛り上がっているなかで、「……私、観てない」とか「観たけど、面白くない」などというと、いきなり場がしらけ、「じゃあ、この輪に入らないで！」とプレッシャーがかかる。

「皆がやっているんだから……」。その言葉の裏には、「だから正しい。従わない人はおかしい」という非難が含まれています。

そして、**繊細・敏感なＨＳＰ気質の人は、他人の言葉を受け流すことが苦手なので、人並み以上に同調圧力を受けてしまう**のです。

## 振り回された末に自分を取り戻したＫさんのケース

あることがきっかけで、自分は周囲の影響を受けやすく、振り回されやすいと気づいた人のケースを紹介しておきましょう。高校のバレー部のアタッカーとして活躍していたＫさんのケースです。

その活躍は監督から最大級の誉め言葉を受けてきました。その言葉がＫさんをやる気にさせ、Ｋさんはますます目覚ましい活躍を見せます。やがて、バレー選手としてオリンピックを目指したいとまで思うようになりました。

ところが、ある日の練習中、Ｋさんと接触した仲間の一人がケガをしてしまいました。練習中のケガですから仕方ないのですが、それが原因でKさんは落ち込み、練習に参加するのもつらくなってしまいました。

他のメンバーが自分を責めているような気がする。自分が練習に加わると、その場の空気が変わるような気さえして、部活から足が遠のいてしまったのです。

しかし幸いにしてKさんには、毎日のように「みんなが待っているよ」と声をかけてくれる友人がいました。そのお陰でKさんは部活に復帰します。オリンピックを目指そうとした以前ほどの熱意は失ってしまいましたが、それをきっかけにKさんは、自分は本当は何が好きで、どんなことに向いているのかを真剣に考えるようになったと言います。

その後Kさんは自分がプレーするより、人の身体の動きや仕組み、またチームという組織をまとめていくことに興味があると知り、大学のスポーツ科学部に進みたいと思い、バレーで鍛えた集中力で猛勉強し、見事合格することができました。

ケガがきっかけで自分が周りの人の言葉に振り回されやすいと知ったKさんは、自分の周りにもそんな人が多いと知り、その知識をスポーツにも生かせるのではないかと考えていると言います。

私自身ＨＳＰ気質ですから、Ｋさんのように、周囲の空気や人には振り回されてきました。何も言われていないのに、他人が自分を責める言葉さえ聞こえてきたことがあります。

浜松医大の教授だったまだ若い頃、私はラグビー部の顧問になりました。ラグビー経験者ではありませんから、ラグビーの指導ができるわけではありません。それでも選手を励ましたり、できることは一生懸命やろうと思っていました。

あるとき、選手の一人に廊下で出くわしたとき、私は「頑張れよ」と声を掛けました。「はい、ありがとうございます」と彼。しかし、その直後のすれ違いざまに「何も知らないくせに」というつぶやきが聞こえたのです。

私はびっくりして彼のほうを見ましたが、彼の横顔には特に私への悪意は感じられません。では、誰がそんなことを言ったのか？……私は愕然《がくぜん》とした気持ちになりました。

当時の私は、ラグビーを知らないのに顧問をやっている後ろめたさを感じていました。選手たちに悪いなと思っていたのです。ただ、選手たちからすれば私に、というか顧問の存在にほとんど関心はないようで、自分たちの思い通りに練習をやっていただけ。「何も知らないくせに」と悪口を言われるほどの関心も抱かれていないというのが現実だったと思います。

にもかかわらず、後ろめたさを感じていた私は彼らがそう思っていると思い込み、選手とすれ違ったときに幻聴を聴いてしまったのです。

このように**「思い込み」が強いのもHSP気質の人の特徴**です。自分が思い込みが強く、周りの人の影響を受けやすいＨＳＰなのか、あるいは、気分が変わりやすく、周りを振り回している別の症状なのか（自覚のないことが多いのですが）、まずは自分をしっかり見つめてみましょう。

思い込みが強いことへの対処法はこのあとで詳しく述べますが、まずはＨＳＰは思い込みが強いということを知っておきましょう。

**相手の言葉に自分が「責められている」と感じるのは、自分の思い込みだと思ってみる。**相手が本当はどう思っているのかは、この際どうでもいいことです。それだけでも人に振り回されることは少なくなります。

先ほど「相手の嫌な気分や空気がうつって自分が嫌な気分になる」と言いましたが、

それもこの「思い込み」と関係があります。では、「うつり」や「思い込み」に有効ないくつかの対処法を説明していきましょう。

## うつり対処法①——別の角度から見て「思い込み」を変える

そもそも人は、周囲の人の動作、言動を真似するようにできています。
それは**ミラーニューロン**と呼ばれる脳細胞に人を真似る働きが備わっているからです。

赤ん坊や幼児は、まさに母親をはじめ、周りの「自分を守ってくれる人」の真似をすることで成長し、その人たちの一員になる、認めてもらうわけです。

だから、周囲の人たちの習慣や言葉遣いが「うつる」のは当たり前のことなのです。

そのようにしてあなたは育ってきたのです。


周りの人に振り回されて気分が悪くなったり、身体の調子が悪くなるのは、これまで「真似してきた人たち」と、その人たちの反応が違うからです。

「これって笑える！」と思っていたのに、目の前の人はそのことに笑わないとしたら、

「あれっ？　どうして？」となります。そうなると、自分が笑ったせいで誰かに怪訝《けげん》な顔をされたらどうしよう、と思いますよね。

そんなことが何度も起きると、「私って、どこかおかしいの？」と思うようになり、その自己不信、自己否定感によって気分が悪くなる。もちろん、事はこのように理路整然と起こるわけではありませんが、だいたいこのような理屈で気分が悪くなるのです。

誰かの言動が頭を離れなくなる。言われた通りにやったのに苦しい、つらい。それは自分のこれまでの考えと、周りの考え、反応に食い違いが起き、それが受け入れがたいと感じてしまうからです。このクセを改善するために、これまでの強すぎる「思い込み」を変えていくレッスンをしてみましょう。

たとえば、子どもの頃は学校や親のことをこんな風に思っていたけど、大人になってみると違っていたな。ではどこがどう違っているんだろう、と考えてみるのです。

誰でも他人と自分の思い込みのすれ違いを経験したことはあるでしょう。

「あんな嫌な人、誰が好きになるんだろう？」と思っていた人を、友人が「あの人が好きなの」と打ち明けてくれたとします。

「ええっ、そうなんだ!?」

同じ対象に対する、他人と自分の思いや考えの大きな違いに気がつく瞬間です。

「……そういえば、あの人って嫌いだったけど、こういういいところがあるなぁ」

ある日、自分自身が、それまでの自分と違う考えに変化することだってあります。

**あなたが思っていることは、別の人、別の角度から見ると、また違って見える。自分の考えは、必ずしも多くの他人が共有・共感するものではない**ことを覚えておきましょう。

## うつり対処法②――情報を避ける、遠ざける

望ましくない「うつり」の兆候を感じたら、できればそれを目にしないことです。

たとえば、ダイエット中の人は、グルメ番組を見ない。イケメンや美女が美味しそうに食べている姿、映像を見るだけで、それを真似してしまうからです。

見ないことが難しければ、「こんなに食べても、あんなにイケメン（きれいで）いられるんだ。いや、それはテレビ番組だけに起こることだから」と、ツッコミを入れながら、「うつる」から遠ざかりましょう。

テレビショッピングを見るたびに「わあ、すごい。あれがあればすごく便利」だと思い、「30分以内に電話するとこの値段です！」の言葉に乗りやすい人もいます。こういう人も、とにかく見ないこと。すぐにその場を離れて気分を変えましょう。

今はネット上にありとあらゆる情報が集まっています。

朝、メールをチェックして、ニュースを見ようものなら、コロナ禍の様子から経済の停滞、リストラなどの愉快ではないニュースのオンパレードです。ネットは不安を起こさせる情報に溢れていますが、実はＨＳＰには、ネット上のこのような情報から目を離せない人が少なからずいます。

嫌なニュースや芸能人のスキャンダル情報をとにかく知りたくなる。知らないことへの不安が人一倍強いからです。こういう人は、騙されたと思ってパソコンやスマホはメール確認にとどめ、できるだけネット断ちをするか、鵜呑みにしないように、ツッコミを入れるクセをつけてみてください。

ネットを見なくても、生活はほとんど何も変わりません。そういうものだと納得できれば、ネット情報にふれないことへの不安は解消されることでしょう。

会社や学校といった組織では、自分が抱えるストレスを執拗に周りに振りまく人が少なからずいます。

昔、私はある人に近づいたことで、いきなり気分が悪くなったことがあります。

その人は某有名大学の教授で、私が勤めていた医大が医学部の他の学部を新設することになったので、私はその人がうちの大学に来てくれたら大学の価値がぐんと上がると考え、懸命に説得にあたっていたのです。

ある日、何回目かの説得に行ったあと、私は出口でその人を待っていました。ところが、その人が出てきた瞬間、私は嫌な気分に襲われたのです。

ゾッとする、全身が氷つくように冷たくなる……そんな感じでしたが、相手の何かが、私にうつってきた瞬間でした。

「この人を大学に招くのはやめたほうがいい」「この人は、私だけではなく、周りの人にもよくない影響（空気や気分）をきっと振りまく」

私の直感がこう訴えていました。結局、その直感に従い、私はその人への招聘活動をやめ、結果的に事なきをえました。

当時はＨＳＰの概念など知る由もありませんが、こうした危険察知の能力がＨＳＰの長所でもあります。

## うつり対処法③――避けるのが困難な上司への対処法

職場で誰かと話したり、そばにいることで相手の不機嫌さを感じ、自分まで不愉快になる。嫌な気分がうつりそうになったら、すぐにその人から離れるのが一番ですが、なかなかそうはいかないのが世の中です。

会社で避けたい人が上司といった場合、離れることができないケースもあります。そういうときには、とにかく物理的な距離をとるようにしましょう。

たとえば、コロナ禍で使われるようになったアクリル板などを積極的に使うとか、距離を置くためにコロナ対策でも何でも使える口実を見つけることです。

「うつる」のはコロナだけではありません。人の気分や悪いクセもまたうつるのですから。

なかなかそうはいかない、うまく距離がとれないという場合には、5章で説明する、上司からのうつりを遠ざけたHさんのとった方法や、相手の言葉をそのまま繰り返す

「交話的コミュニケーション」という方法が有効ですから、参考にしてみてください。

## 過去の自分の思いもうつる

「うつり」がなぜ起こるかというのは、先にふれたミラーニューロンの働きのほかに、人と人とは考えられている以上に深いつながりがあることが、最近の物理学などの研究でもだんだんわかってきています。

波動現象やＤＮＡなど原子レベルの研究によると、人と人の意識や感情も「波動で相互に影響しあっている」と言われています。物理の研究では「動物に限らず、すべてのものには、粒子と波の両方の性質がある」とも言います。遠く離れた誰かの強い思いがあなたのところに届き、それを身体や脳がキャッチしている可能性もあるのです。

こう言うと首をかしげる人でも、過去に存在した人や過去の出来事が時間を超えてあなたに影響を与えていることは、理解できると思います。過去の出来事が脳内でよみがえり心身に変調をもたらすトラウマやフラッシュバック（過去の記憶が今、現実に起こっているかのように思い出される現象）はその一例です。

これらの現象は、**私たちは他人に影響を受け振り回されるだけではなく、過去の自分に振り回される場合もある**ことを示していますが、ＨＳＰが他人の影響を受けやすいということは、他人への共感能力が強いということでもあり、同時にそれは「感受性が強い」「想像力が豊か」ということでもあるのです。

こう考えれば、その特徴は大きな長所でもあり、それを生かして作家や美術、音楽などの道に進み成功している人も数多くいます。というより、それなくして芸術の分野で成功するのは難しいともいえます。

今の自分と過去の自分とのギャップも同じですが、それがあまりに苦しさや心身の不調を呼び込むなら、コントロールする術をマスターすること。具体的方法については5章で述べますから、参考にしてみてください。

## 3章まとめ

★ＨＳＰが生きづらさを感じるのは、他の人に自分の「繊細さ」をわかってもらえないから。

★ＨＳＰは周囲の人の行動が危ないもの、大雑把なものに見えてしまい、自分のことのように心配したり、気持ちが悪くなったりする。

★ＨＳＰは５人に１人という少数派のため、周りの多数派の同調圧力に苦しさを感じる。ＨＳＰが増えている今、自分を率直に出すことで仲間を見つけていきやすい。

★ＨＳＰは、周囲の人の気分や症状が他の人以上に「うつり」やすい。

★うつるのは発達障害、気分障害などの症状だけではない。

★現在の周囲の状況や人だけではなく、自分の過去にも振り回されることがある。

# 4章

# なぜ気分が「落ち込む」のか？

## ――知っておきたいさまざまな原因

テンションが高いことが良いとされる現代は、
ドーパミンやアドレナリンが過大評価されている時代です。

その反面、落ち込みやすいＨＳＰ気質の人が増えているのは、
冷静に自分を見つめ、心穏やかに生きることを
渇望する人たちもまた、増えているということではないでしょうか。

## 冬は気分も体調も変化しやすい

季節の変わり目は、体調が変わりやすいものです。頭痛や倦怠感、やる気の低下などが起き、落ち込みやすくなる人もいます。

「冬季型体調不良」という、寒くて乾燥状態の続く冬には体調が崩れる人も少なからずいます。冬は頭痛や倦怠感、やる気の低下などが起きる人も少なくありません。

**敏感体質のＨＳＰは、気温や湿度などの変化にも敏感なので、気候が身体に影響を及ぼす**こともあるでしょう。

雨や曇りの日は気圧が低めになるので、テンションが上がりにくくなります。雨の降る前には、膝や腰などに痛みを感じる人も少なからずいます。

冬の体調不良からくる落ち込みは、日ごとに大きく変化する寒暖差、また室内での暖房と外の寒さの差も大きく、その気温差に身体がついていけないことが原因。寒暖差は、自律神経の乱れを引き起こし、身体に不調をもたらすのです。

それを避けるためには、身体を冷やさず、温めることです。気温が下がると血行が悪くなり、血行不良は頭痛や腰痛、胃痛の原因になります。

38度から40度程度の湯船にゆっくり浸かって、身体をリラックスさせます。外に出るときにはカイロを携帯したり、マフラーなどで首周りを温める対策も有効です。

身体を温めるのに一番有効な方法は運動です。寒くなると小刻みに身体を動かす動作が無意識に出ますが、それは身体を動かすことで身体を温めているのです。また、身体の熱量の6割は筋肉で作られていますから、積極的に筋肉を鍛えることで、体温を適切に保つことができます。

体温を適切に保つことは免疫機能を向上させ、病気にかかりにくい身体を作ります。免疫機能の向上は、新型コロナウイルスなどから命を守るためにも大切です。

とにかく身体を動かしましょう。

冬が来れば、やがて春も来ます。気象予報士として活躍した倉嶋厚氏は、最愛の妻が亡くなった後、うつ病にかかりましたが、「今の状態が続くはずがない。それは天気と同じだ」と自分に言い聞かせ、うつ病から回復したと言います。今がつらい状況でも、それが永遠に続くことはありません。「やまない雨はない」と自分に言い聞かせてください。

## ドーパミン・アドレナリンの悪影響

「火事場の馬鹿力」とことわざにあるように、いざというときには、人は思いがけない力を発揮します。

危機に向かい合うために授かったホルモンの働きです。現在はこのドーパミンやアドレナリンといったホルモンがクローズアップされている時代とも言えます。

バブル期に「24時間戦えますか？」というＣＭが流行りました。24時間アドレナリンを出し続け、仕事をしないと不安になるという仕事中毒の人が増えた時代です。そして今また、学校や職場、人との付き合い、株式投資熱などにも見られる傾向ですが、「テンション高め」を普通の状態と捉える人が増えています。

静かに淡々とことを進める人や、人といてもあまり話さない人を「テンション低～い」と嫌がったり、「もっと元気を出して」と的外れな激励をする人が増えている。「火事場の馬鹿力」が出るような状態を、普通の状態だと思っている人が多いのです。

これは危険な状態です。アドレナリンが出すぎるとホルモンバランスが崩れてアドレナリン中毒になり、身体を壊してしまいます。

日本の景気が世界一絶好調だったバブル時代、多くの人は毎日のように飲めや歌えのバカ騒ぎをしていました。「ネクラ」という言葉が流行ったのもその頃ではないでしょうか。

「でも、私の世代はバブルなど経験していません。むしろ不景気で、就職氷河期でした」と若い人たちは言うでしょう。しかし、そういう人たちも前の世代の「熱狂」の影響を、親や周囲の人たちから少なからず受けている、と私は思います。

一時期「買い物症候群」と言って、買い物がやめられない人たちがクローズアップされました。そういう人は、買い物をしているとき、興奮と快楽物質ドーパミンが大量に出ていたはずですが、しばらくして冷静になると、その時に買ったものを見るのも嫌になり、後悔して落ち込むことになります。ショッピングのとき大量に分泌されていたドーパミンの分泌量がガクッと落ちるからです。

ドーパミンはアドレナリン同様、一種の興奮状態、ハイテンションを促すホルモンで、人を元気にします。子どもの頃は、ドーパミンの分泌が活発なので常に動き回り、好奇心も旺盛になるので何事にも向かっていけるし、ちょっとしたことにも喜びを感じます。しかし年齢とともに分泌量は減少し、中年うつ、中年クライシスなどと言われる状態、すなわち何事にも興味を失ってしまうことがあります。

また、ドーパミンは脳を速やかに切り替えるためのオイルのような役目も持っていて、不足すると、あるものに集中している脳を別の対象にシフトすることができず、一つのことに集中しすぎた状態のままになります。

ちなみに発達障害のＡＤＨＤでは、ドーパミンの不足が、気分転換ができない、やる気が起きないなどの症状をもたらします。

## テンションが下がったときに出る幸せホルモン、セロトニン

話を戻すと、過剰なドーパミンは、それが切れると落ち込みをもたらすことがあります。

一人になったとき……たとえば、パーティなどの楽しいイベントが終わった後や好きな人と別れた後、それまで分泌していたドーパミンを必要としなくなりますから、自然に分泌されなくなっていきます。

ドーパミンが分泌されなくなればテンションは下がり、興奮状態から平常に戻るた

め、人はその平常の状態を「テンションが下がった」「寂しい」「悲しい」と感じてしまうのです。

昔の人は、こうした状態を「祭りのあとの寂しさ」などと表現しましたが、それは楽しさのあとには寂しさや落ち込みがやって来ることを、いつの時代でも多くの人が経験していたということ。ただし、昔の人は「祭りのあと」の状態こそが平常で、別段それを「テンションが下がった」などと思っていなかったということです。

今の人たちは、ドーパミンやアドレナリンが出ているときを平常な状態だと間違った認識をしているような気がします。そうではなく、**テンションが低い状態こそが平常で、それは脳にとってとても大切な状態**ですから、「今は脳の休憩」と捉え、心身を休めるようにしましょう。

お風呂に入る、空を見上げる、深呼吸するなどの動作は、心身を穏やかな状態に導く「セロトニン」という幸せホルモンを分泌してくれます。

最近では、ミニマリストと呼ばれる物に執着しない人が出てきたり、「断捨離」という言葉に象徴される「捨てる」という考え方も注目されています。これはバブルを経験した親世代への反発であったり、物に振り回されてきた時代への反動だったりするのではないでしょうか。

そうした人たちはいわば、**ドーパミンによる興奮ではなく、セロトニンによる静かな幸せを選ぶ人たち**と考えられますが、繊細で敏感なＨＳＰ気質の人が増えていることとも関係があると私は推測しています。

ドーパミンとセロトニン。この相反する働きを持つ脳内ホルモンの特徴を理解して、コントロールするようにしてみましょう。

興奮しすぎたなと感じたら、ぬるめのお風呂に入る、散歩して自然に触れる、深呼吸する、心を整えるマインドフルネスなどをやってみるといいと思います。こうしたことで脳内物質とうまく付き合い、コントロールすることが大切です。

最初はうまくいかなくても、自分の外部環境に敏感で、自分の内面に物事を繊細に感じ取る能力のあるあなたなら、必ずコントロールできるようになります。

# 「中年クライシス」と男性ホルモンの関係

先ほどふれた「中年クライシス」について、もう少し掘り下げておきましょう。

女性が月経の終わりを迎える50代後半に更年期障害と呼ばれる、いわば危機の時期を迎えることはよく知られています。では、男性はというと、実は男性は少し早くて40代から50代の中年期に危機を迎えることが多いのです。

ちょうど会社での立場が変化する時期であり、子どもの学費が増える時期でもあり、夫婦関係がマンネリ化しやすい時期とも言えるでしょうか。

そうした個々の事情は異なりますが、共通しているのは、その時期の男性は、男性ホルモンがガクッと減少するということ。これが中年男性の心身に影響を及ぼすと考えられ、この時期を**「男の更年期障害」**と呼ぶこともあります。

男性ホルモンは、別名**「テストステロン」**と言いますが、このテストステロンが減ると何が起きるのでしょうか？

主に5つの症状が出てきます。

①疲れやすくなる

②メタボになりやすくなる
③眠りが浅くなる
④やる気がなくなる
⑤記憶力、判断力が衰える

**①疲れやすくなる**

男性ホルモンにはドーパミンを増やす働きがあります。ドーパミンは、先に述べた作用のほかに、疲労を感じさせないパワーを生み出します。それが減少することで、疲れやすくなるのです。多すぎるドーパミンは、それが切れたとき落ち込みをもたらしますが、少なすぎると元気がなくなります。

では、どうすればいいんだ？　ということになりますが、先ほどふれたハイテンションになるようなこと……たとえば、飲み会、買い物、また運動などを積極的にするようにするとドーパミンの分泌が促進されます。特に運動は、適度なドーパミンの分泌が期待できます。

**②メタボになりやすくなる**

男性ホルモンには筋肉を維持し、メタボの原因である脂肪細胞を抑える働きがあるので、男性ホルモンの減少はメタボの原因になります。

筋トレは男性ホルモン＝テストステロンを分泌させるので、メタボ防止だけでなく、身体が元気になる、やる気が起きるといったグッドサークルを生み出すことになります。

**③眠りが浅くなる**

テストステロンには、脳に刺激を与え、一日の周期を整える作用があります。テストステロンが減ると夜と昼の区別が曖昧になるため、夜の眠りが浅くなったり、昼間に眠気が襲ってくるなど、眠りのリズムが狂ってきます。

それで睡眠不足になりがちですが、テストステロンは眠っている間にできるものなので、悪循環が起こるのです。

**④やる気がなくなる**

男性ホルモンは闘うホルモンですから、それが減少すると闘う意欲＝やる気がなくなってくるのは必然です。逆に言えば、やる気を出すためには心身に刺激を与えてテストステロンを増やせばいいということです。

### ⑤記憶力、判断力が衰える

記憶力や判断力は脳の海馬という場所が司っています。そのため、海馬では記憶力や判断力を促すために必要な男性ホルモン＝テストステロンを作っています。それが減少することで、記憶力などが衰えてきます。

一つ一つを見れば、「中年だから仕方がない」「年を取るとはそういうことだ」と思うかもしれません。しかし、その一つ一つが重なると「うつ病」の引き金になることがあるのです。

**中年クライシス、中年の危機は、この男性ホルモン＝テストステロンが減ることに原因がある**のです。

誤解している人が多いのですが、男性ホルモンの減少は加齢そのものとはあまり関係がありません。むしろ、長年の生活習慣の積み重ね（食べ過ぎ、飲みすぎ、運動不足、睡眠不足を含めた生活の乱れ）が大きな原因です。

それを防ぐ方法は、以下の二つです。

**①筋トレをする**

メタボのところで説明したように、テストステロンは筋肉で作られ、適度なトレーニングで筋肉に刺激を与えると、テストステロンが増えます。スクワットや腕立て伏せなど自宅でもできる筋トレで筋肉に刺激を与えましょう。

また、運動によって男性ホルモンを増やすことで、うつ病、認知症に効果があるとの研究もクローズアップされています。

**②生活習慣を改善する**

運動、筋トレをするようになると、生活習慣も自然に改善されていきます。自分の身体に注意がいくようになり、運動効果を上げるために、身体にいい食べ物を摂るようになりますし、夜もよく眠れるようになります。

その睡眠がまた男性ホルモンの分泌を促すという好循環になりますから、まずは筋トレ、運動から始めてみましょう。

## 恋愛はＨＳＰ体質をもたらす

誰かを好きになると、その相手が気になるのは当然です。片思いの場合でも、その人の言動の一つ一つが気になります。

その言動に自分の喜怒哀楽が左右され、気分が上がったり下がったりするだけでなく、夕陽を見て涙もろくなる、映画のあるシーンでいきなり悲しくなるなど、気分が変わりやすくなります。

恋をすることで脳の一部が敏感になり、それに伴い身体全体が刺激を受けやすくなるからです。

恋をすることで敏感体質になるのは、相手の情報をできるだけ多く取り込み、どうすれば相手をキャッチしやすくなるかということを全身全霊で考えるようになるからで、ある種の生存競争とも言えます。

こうしたことは誰にでも起きることですが、もともと繊細で敏感なＨＳＰは、よりその傾向が強い。**ＨＳＰは恋をしていなくても恋をしている状態**、と考えていいかもしれません。

たった一度であっても恋愛経験をすると、それが終わったあとでも繊細さや敏感さが身体に沁みついてしまうケースもあります。

たとえばフラれたわけではなく、卒業などで進路が別々になったことで、付き合っていた男女がお互いに納得して別れた場合でも、それ以来、感受性が強くなった敏感な状態が続く人もいます。

それはその経験をきっかけに、脳の繊細さ、敏感さが開発されたとも言えます。一方、そのときに身についた脳のクセが恋愛が終わったあとも続き、傷つきやすくなる人もいます。

もちろん、感受性の鋭さ、繊細さ、敏感さを身につけるのは悪いことではありません。敏感さを身につけることは、特定の相手ではなく、生きているこの世界と恋愛するようなもの。世界とより深くつながりたいという欲求が人一倍強くなるということですから。

## シニア女性が急に元気になる理由

男性は40代、50代で男性ホルモンが急減すると言いましたが、閉経したあとの女性は、男性とは逆に男性ホルモンが増える傾向にあります。

その一方で、女性ホルモンであるエストロゲンは急激に減少し、身体に不調が起きる。これが女性の更年期障害です。ホットフラッシュなどの身体の不調が、強烈に出る人もいます。

しかし、この時期が過ぎると、増えた男性ホルモンの影響で、以前より活発になる女性も数多くいます。閉経後の女性の男性ホルモンは、女性ホルモンの10倍以上。シニアになると趣味や旅行、新しいことに挑戦するなど、活動的になる女性が数多くいますが、それは男性ホルモンが増えるせいです。

女性の場合、月経や排卵の時期に不調や落ち込み、イライラなどが強くなることがあります。これには排卵に伴う女性ホルモンや脳内伝達物質、セロトニンの分泌量の変化に関係しています。

精神的、身体的な不調は月経前の３日から10日の期間に現れることが多いですが、症状が重い場合は月経前症候群（ＰＭＳ）のこともあります。こういう人は婦人科へ行けばホルモン治療や服薬治療がありますから、相談してみてください。

この月経前症候群になったある女性はすべてが嫌になり、会社を辞めたい願望や恋人と別れたい願望が強くなったと言います。結婚してからも、その時期には、夫と別れたい、何もかも捨てたいと思ってしまう。

病気に気づく前から心身の不調はあったのですが、定期的に来るこの「破壊願望」のような感情を不審に思い、時期とその願望を照らし合わせてみるうちに、月経前症候群の一種だと気づいたと言います。それ以来、その時期が来ると「来た来た」と、嵐が過ぎるのを待つようにして乗り切ったといいます。

このように年齢とともに変化するホルモンの影響は大きいので、気分の落ち込みや身体の不調もいずれ良いほうに治まっていくケースは多いのです。脳の伝達物質がいかに人の喜怒哀楽を左右しているかがわかります。自己肯定感の低い人は、落ち込みや涙もろさを「自分は性格が弱い」と思ってしまいがちですが、ホルモンの影響は、思っている以上に大きいのです。

**「この落ち込み、不安定さはホルモンのせいかも」と考えるだけで、今の状態を客観的に、俯瞰＝遠めで眺めることができますから、少しは楽になる**はずです。苦しいときは「ホルモンのヤツめ！」と、突き放して考えるのもいいかもしれません。

ホルモンをコントロールする上で大切なのは、常日頃から生活習慣に留意し、運動する、音楽を聴くなどしてセロトニンの分泌を高めることです。

セロトニンは、さまざまな感情をコントロールして、心の安定をキープする大切なホルモンです。常に高いテンションを求めるような現代では、セロトニンの重要性はどんどん高まっています。

この大切なセロトニンの分泌を促す方法はあとの章で紹介していきます。

## 4章まとめ

★「落ち込み」には天気、気温、季節の移り変わり、気圧の変化など、身近で日常的な原因がある。

★現代はテンションを高く保つことを促す「ドーパミン・アドレナリンの時代」といってもいいかもしれない。

★ドーパミンやアドレナリンが大量に出すぎると、落ち込みやすくなる。ショッピング、イベントなどの「祭りのあとの寂しさ」に注意。運動、身体を動かすことでドーパミンの適度な分泌を促す。

★更年期障害、月経前の体調不良や落ち込みはホルモンの影響。男性の更年期障害には男性ホルモン＝テストステロンが減少し、精力ややる気の低下が起きる。筋トレはテストステロンを増加させ、やる気や落ち込みを防ぐ効果が実証されている。

★恋愛で得た感受性（繊細さ、敏感さ）がそのまま長く続き、気分変調が起きやすくなることがある。

# 5章

# 「落ち込み」の大きなメリット

## ——「敏感さ・繊細さ」を生かすとっておきの方法

「落ち込むことは、いけないこと」だと思っていませんか？

しかし、人が自分らしさを失わずに生きていくために、

落ち込むことは、本当は必要なことです。

ただし、落ち込んでばかりいるのは、やはり苦しいものです。

その落ち込みの原因がどこにあるのかを探ってみましょう。

## HSPに必要な「落ち込み」の時間——そのメリットとは？

これまで述べたように、現代は「高テンション」が良しとされる時代です。多くの人が戦闘態勢を保つため、日夜アドレナリンやドーパミンを大量分泌しているのが現代です。

人はストレスに襲われると、ドーパミンを分泌、快楽を得ることでストレスを発散しようとします。買い物をする、飲酒するなどの快感行為をすることで、ドーパミンの分泌を促すのですが、過剰に出すぎると、買い物依存症、アルコール依存症などになってしまうことがあります。

それを避ける意味でも「落ち込み」を得ることには意味があります。「テンションが下がる」と人から敬遠されそうに思っている人が多いのですが、むしろ、自分を見つめるいい機会でもあるのです。

多くの人が忙しい毎日の中で、自分を顧みることなく日常を過ごしています。特にHSP気質の人は周囲の人に振り回されがち。相手の意向を過剰に重要視するため、自分の痛みやつらさを我慢する傾向があります。

そんな自分と相手を少し俯瞰する。距離を置いた高いところから見つめ直す。「落ち込み」とは、言い換えればそういう状態のことです。**相手だけでなく、自分自身をも少し突き放して見てみる。自分を他人のように眺めてみる。**いつも「他人軸」で生きているHSP、あるいは人間関係で苦しんでいるグレーゾーンの人たちにとっては、特に必要な時間です。

以下に、落ち込みのメリットを整理してみました。

**①他人より自分を大切にしたほうがいいと気づく**

元気なときには人の意向を気にしていても、疲れて落ち込むと、それどころではなくなり、自分を大事にするようになります。「他人軸」から「自分軸」に戻るいい機会なのです。

**②自分の本当の気持ち、考えに気づきやすくなる**

落ち込んだときには何もする気になりませんよね。布団に入って寝たり、泣いたり……。そんなときこそ、建前ではない自分の本当の気持ちに気づきやすくなるものです。たとえば、こんなケースがあります。

いつも恋人に振り回されていたEさんは、自分の好みを言うのは抑えて、相手の好きな映画やレストランばかりに行っていました。

でも、映画を観ていても楽しくない、レストランで食事をしていても美味しく感じられない。ある日、それを恐る恐る口にしたら、「……趣味悪いな……」と言われてしまい、「彼に嫌われるかもしれない」と不安になり、落ち込んでしまいました。

でも、布団に入って「安心なのは、この布団の中だけだわ」とうつらうつらしているうちに、「どうして私は、自分が楽しくないことをやり続けているんだろう？」という考えが頭をもたげてきました。

たしかに彼のことは好きだけど、自分を抑えてばかりいたら、そのうち自分が嫌になる、彼のことも嫌いになるかもしれないと思ったのです。

「今度ははっきりと、自分の観たい映画、行きたいレストランを自分から提案してみよう」

こうしてEさんは、ともかく自分の希望を積極的に口にすることにしたのです。

実際に口にしたとき、彼は少し怪訝な顔をしていました。これまでのＥさんとは違うと感じたからでしょう。それでもＥさんは、自分の気持ちを口に出せたことで、気持ちがとてもすっきりしたようです。

自分の考えを口に出すことの大切さ、気持ち良さに気づいたのです。まずは、この「気持ち良さ」を大事にしてください。

### ③基本的なことにありがたみを感じる

落ち込んでいるときだって人のお腹は空きます。活動量も落ちるので食欲がなくなることもあるでしょう。人によっては、副交感神経のほうが強くなり、いつもより食欲が出る場合もありますが、いずれにせよお腹は空きます。

少し泣いて、寝て、お腹が空いたら食べる。こういうときには、自分の好きなものをゆっくりとよく噛んで、味わって食べてください。

寝て、食べて、トイレに行って……乱暴に言えば、人は基本的にはこの３つがあれば生きていけます。

ベッドがある有難み、食べられる有難み、排せつできる有難み……加えて風呂に入り、お気に入りの音楽や本などにふれることができれば、もう言うことはない……。

そんな気分になれるのは、落ち込んで活動がストップしたときです。シンプルな時間を持つのは必要なことです。そんな時間を持った上で自分が本当に望んでいること、やりたいことをじっくり考えてみてください。

### ④他人に優しくなれる

どんな人でも落ち込みの経験はあります。それは、あなたにひとりぼっちの孤独を味わわせるためではなく、より多くの人とのつながりをもたらすための経験です。

落ち込んでいるとき、あなたは「自分は一人だ。誰も私のことをわかってくれない」などと思っていることでしょう。でも、そんなときに出会う聴きたい歌、観たい映画、読みたい本は、おそらく同じように落ち込み、苦しんできた人の心を表しているのではないでしょうか。

多くの人が励まされ、元気を取り戻したあの歌手のあの歌、あの映画のあのセリフ、あの本のあの1行に、あなたが出会うのはこういうときです。

歌や小説、映画などには「落ち込み」のときの気持ちを表した作品が数多くあります。創作者は自分が落ち込んだり悲しんだりしたときの気持ちを歌や小説、絵画などを媒介にして表現します。多くの人が感銘を受けるのは、その哀しみや苦しみに自分のそれを重ねあわせることができるからです。

つまり、あなたが落ち込んだときにこうしたものと出会うことは、あなたがより多くの人とつながるための時間、経験なのです。


「落ち込み」は内省の時間、自分を顧みる時間です。

気分が落ち込んだときには、布団に潜って思い切り泣くのもいいでしょう。一日、何もしないでぼんやりするのもいいでしょう。

あまりに落ち込みすぎて、「ここがどん底なら、これ以上落ちるところがない」と開き直った人もいます。

示唆に富んだ独特の言葉を与えることで、若い人たちの間でもカリスマ的存在になっている美輪明宏さんはこう言っています。

「どんなに輝いて見える人でも、いや輝いて見える人ほど、その奥に他の人には想像できないほどの哀しみや苦しみを隠している。それを知っているから、私は他の人を羨ましいと思ったことがない」

落ち込みは、人に深みを与えます。光だけの世界が存在しないように、影もまた絶対に必要な存在なのです。

## 少し落ち着いたら、落ち込みの原因を探る

落ち込みは役に立つ、必要なことだと知った上で、少し落ち着いたら、冷静に落ち込みの原因を考えてみましょう。

できれば紙に書くなどして「見える化」すると、頭がすっきりします。

繊細・敏感なＨＳＰは、頭のなかに不必要な情報が入ってきて混乱しやすいのが特徴です。一つの原因、たとえば誰かに何か気になることを言われた、ミスをしてしまった、音が気になる……などの刺激が入ると、余計に混乱が強まる傾向があります。

たとえば、ミスをして落ち込むと、相手の声や周りの光などの刺激も受けやすくなります。脳の一部が過剰に反応することで、他の部分に影響し、より刺激を強く感じるようになるからです。

先に例を挙げたように、誰かを好きになると感受性が強くなります。夕暮れを見ては涙もろくなり、恋の歌を聞くと心が動かされます。脳の一部が反応しやすくなるせいで他の部分も繊細になり、恋愛を楽しんでいるときでも気分の変調は起きやすくなります。

転勤や転職といった生活の変化が起きたときも、外ではドーパミンが発生しやすく、家に帰るとその分泌が減ることで、体調の変化が起きやすくなります。新しい環境では、脳も身体も適応しようとフル回転しますから、周囲の環境に繊細・敏感になるのは当然なのです。

こうした知識を踏まえた上で、自分の心と体調の関係に細心の注意を払ってみましょう。

たとえば、上司に叱責されて大きく落ち込んだとき。実はその落ち込みの背景にはペットロスがあるかもしれません。失恋があるかもしれません。恋人の別れの原因も、実は仕事のミスで自信をなくしたことが原因になっているかもしれません。

つまり、**直接の原因だけが落ち込みの原因ではない**ということ。最初の原因を探ることで、そのあとの連鎖を防ぐことができます。

## 発達障害の落ち込みには原因がない

ここで少し、発達障害の落ち込みについて述べておきます。

発達障害では「○○があったから」という原因が特にないのに落ち込みや不安な症状が現れてきます。これは「脳機能のアンバランス」に原因があるからです。外部の何かではなく、脳自体が原因なのです。

多動で落ち着きがない、不安になりやすい、また一つのことに集中しすぎるといった脳の状態が常にあるから、ミスをしてしまうわけです。

「落ち着きがない、一つのことに集中しすぎる」などが原因でミスをする

←

叱責を受ける

←

落ち込む

発達障害の場合はこうなります。

一方、**ＨＳＰは「人の言葉や情報」などによって混乱し、落ち着きがなくなり、その結果ミスをする。そして、ミスをしたことが落ち込みの原因だと自分でもわかっている**場合がほとんどです。落ち込みはミスをしたという特定の原因の結果なのです（拙著「ＨＳＰと発達障害」参照ください）。

## 「見える化」にはこんなメリットがある

どんな症状であろうと、自分の状態をノートに書くことは、原因を探るための手軽で有効な手段になります。

たとえば、電車に乗ると気分が悪くなるとします。

それは混雑が苦手なのか、電車の揺れ・匂い・音といった物理的なものが原因なのか、あるいは、会社に行くのが嫌なのかと考えてみます。

そして、会社に行くのが嫌だった場合、それは「会社の雰囲気？」それとも「目の前の人や同僚に苦手な人がいるから？」。会議の前になると決まってお腹や胃が痛くなる――それは発表する内容に自信がないのか？　いつも文句をつける人がいるので気分が悪いのか？……といった具合に、原因をより具体的に考えていきます。

探偵が原因を推理し、手掛かりを狭めていって「犯人」を特定していくように、一つ一つ探っていくのです。

ある会社に勤めていたＫ君は、特定の上司からパワハラじみた扱いを受け、ストレスが溜まっていました。ある日、その上司は自分だけではなく、他の人にも同じようにひどい言葉を投げつけていることに気づきました。

これで落ち込みの原因は自分にあるわけではないとわかりましたが、Ｋ君の気は晴れませんでした。そこでより深く自分の気持ちを探ったところ、今の仕事、職種自体があまり好きではない、得意ではないとわかりました。

そこで、仕事の合間に、ある資格を取るための勉強を始めたＫ君。すると、上司のパワハラめいた言葉もあまり気にならなくなってきたということです。上司も、過剰に反応することなく、淡々と受け止める彼にいじめ甲斐をなくしたのか、あまりうるさく言ってくることがなくなっていったとのことです。

その後もＫ君は勉強を続行、試験にはまだ受かってはいませんが、他にも行く道があるとわかったことで、だいぶ気持ちが楽になったと言います。

## 「自分トリセツ」を相手と交換する

このように、自分の「落ち込み原因リスト」を作成することで、自分が何に反応し、どんな気持ちや症状になるのかが明確になります。

いわば、自分自身の「取扱説明書」ができるのです。

親しい相手ができたら、「これが私の取扱説明書」と説明して、できれば相手にも同じようなトリセツをつくってもらい交換することで、より相手のことを知ることができるでしょう。

もちろん、相手がＨＳＰ気質の人でなくても構いません。どんな人でも弱いところ、苦手なことはありますから。

お互いのギャップは時に笑いを誘うこともあるでしょう。たとえば、自分が「会議の前には緊張して必ずトイレに行きたくなる」と書き、「会議の前のトイレ？　そうなんだ、私はそれはないな。あの黒い虫をみると課長の顔を思い出してゾッとするけど（笑）」などと笑い合うだけでも、親しみが増すのではないでしょうか。

口にしたり、文字にすることで「見える化」「聞ける化」することは、気分を軽くする効果があります。自分だけが苦しいと思い詰めない効果です。誰にでも弱点はある、いろんな見方、考え方があると知ることができれば、視野狭窄から抜け出し、気が楽になる効果が期待できます。

## 「嫌な気分」で安易な行動を起こさない

「嫌な気分」に襲われたときというのは、誰でも逃げ出したくなったり、死にたくなったりするものでしょう。そんなときは、**今の嫌な気分だけを現実と捉えないこと。これもまた過ぎ去って、まさに「過去」になっていくのだということを思い出す。**この方法は、何度言っても言い過ぎることはありません。

その時々の悲しい、苦しい気分だけで現実を判断して、行動を起こさないようにしましょう。今のあなたの落ち込んだ気分は、本当の現実を反映しているというより、あなた自身の思い込みによるところが大きいのです。

それは嫌な気分だけではなく、いい気分のときも同じです。

もちろん、今の職場で上司にいじめられているというあなたにいい転職話があるなら、積極的に話を聞いてみるのはいいことです。あるいは、暴力をふるうなどの理由で、恋人などから逃げたいという場合には、それは「気分・感情」ではなく、現実的な「危害」ですから、すぐに逃げましょう。

そうした場合には、今いる「居場所を変える」ことは、あなたの落ち込みや気分を変える最も有効な方法になりますが、そういうケースは別として、自分の「思い込み」で嫌な気分になっているケースは意外と多いのです。

## 上司からのうつりを遠ざける――「気分予報士」になったHさん

ＨＳＰ気質のＨさんは、自分の繊細さ・敏感さを生かして職場の人気者になりました。

「気分は変わりやすいもの」ということがわかると、自分だけではなく、人の気分もコントロールできるようになります。

センサーが発達しているHSPは、周囲の空気、気分を読み取る能力が高いので、Hさんは毎朝職場に着くと、すぐに上司のいる場所に目を向け、「今日の彼は機嫌がいい？　悪い？　それとも普通？」と、様子見をするようにしていました。

というのは、その上司は「気分屋」で、Hさんが同じような言動をしても、怒るときと褒めるときがあるからです。

そのことで最初は混乱し、体調も崩したこともありました。上司の評価規準がわからないために、自分のこれまでの考えが大きく揺れ始めたからです。

「上司からの評価は誰に対しても公平であるはず。この間は褒められた同じことを、次にはなぜ注意されるのだろうか。正しいことは正しいはずだし、間違っていることは誰が考えても間違っているはずだ」とHさんは考え、気分が悪くなったのです。

しかし、考えた末にHさんは、上司をよく観察することにしました。そして、その上司には「気分の波」があることに気づいたのです。

ある朝は機嫌がいいのに、翌日には機嫌が悪く、その悪い気分がこちらに「うつり」、彼女も気分が悪くなってしまいます。

それでもその上司を観察し続けたのは、彼が自分の「生存権」を握っているからです。仕事自体は嫌いではありません。ただ、上司のその気分の不安定さが周りを混乱させていて、その「気分の波」に翻弄《ほんろう》されているのはHさんだけではないからです。

そしてHさんは、上司を観察した上で、機嫌が悪いときにはできるだけ近づかず、機嫌がいいときを見計らって、報告や書類の受け渡しをするようになりました。

そうやって職場でいろんな人の観察をするうち、その上司だけではなく、ほとんどの人には「感情の波」があり、むしろ「安定している人のほうが少ない」とHさんは気づいたのです。

上司の気分の悪酔い状態に困っている人は自分だけではない――。ならばとHさんは、ランチなどの時間に「上司気分予報」なる情報をこっそりと、同じ部の人たちと共有するようになりました。

「本日、悪天候」「本日、晴天」「本日、曇りなれど雨降らず」などと、そんな暗号じみた遊びですが、これをやっているうちに、上司の気分に振り回されることもなくなっていることにHさんは気づいたのです。

やがてHさんは、他の部からも「気分予報士」と呼ばれるようになり、「あの人、今、どんな感じ？」と聞きに来る人もいるほどです。

Hさんの母親は厳しく、そのため、いつも母親の顔色を見ながら育ってきました。そ

んな自分が嫌で、自己嫌悪を抱いたこともありました。「人の顔色を読む嫌な自分」だと思い込んでいたのです。

しかし、それは実は「場の空気を読み取る能力」だと捉え直したHさんは、その能力を積極的に使うことを覚えた。「気分を読み取る」能力のおかげで、自分だけではなく周りの人の役にも立つようになり、今では自分を「気分のエクスパート＝熟練者」と自負しています。Hさんは、この能力を他のことにも応用できないかと考えるようにまでなったということです。

多くの人は「気分」に影響されています。それに気づいたHさんは、まさに繊細・敏感なHSP気質だったお陰で、一歩先んじたと言えます。

## 「気分の波」に乗ってみる

サーフィンというスポーツはご存じでしょう。ボードをコントロールしながら、海で波乗りを楽しむスポーツです。

サーフィン初心者は、最初は波を恐れます。それでもやりたいと思うのは、「波に乗った」ときの心地良さ、気持ち良さをどこかで知っているからでしょう。浮き輪でさえ、揺れる波に身を任せるのは心地いいものです。

気分という波もうまくコントロールさえできれば、身体や心を預けることができますが、その波が害を及ぼすかもしれないと恐れると、身も心も委縮してしまいます。

脳は刻々と、さまざまな考えや気分の泡を浮かべては消していきます。しかし、気分に波があること、気分が変わることは、それが一定のコントロール下にあるものであれば、決して悪いことではないのです。

では、どうやって気分の波をコントロールするか、です。

最近流行っているマインドフルネス（瞑想）という、心を落ち着ける手法があります。目をつむり、深く呼吸しながら、自分の内面から湧き上がってくる思いを、ひたすら流していきます。

私が長年やっている禅も同じですが、一度でも瞑想をやった経験のある人は、脳は次々といろんな考えを浮かべては、その考えをまた流していく、ということが実感としてわかると思います。

嬉しいイメージが浮かんだときには心は喜び、悲しいイメージが浮かんだときには心が悲しむ。こうして脳と気分は連動して変わっていきます。マインドフルネスでは頭に浮かぶ想念に対し良いか悪いかという判断をすることなく、「今、この瞬間」に注意を向けていきます。

**「脳はいろんな考えを浮かべては流していく」**

まずは、このことをしっかり頭に入れてください。

気分と心身の不調がリンクする人は、**脳に浮かぶ嫌な考えだけを脳内に留めておく人**、と言えます。**楽しい思いも嫌な思いも浮かぶのに、嫌な思いだけを「待って。行かないで」と留め置いてしまう人**です。

留め置くくらいなら、脳に浮かぶ感情の波でサーフィンのように遊んでみましょう。

泣きたい気分になったら泣いてみましょう。

笑いたい気分になったら笑いましょう。

「男は泣くものじゃない」などと言われて育った中高年の男性は素直に泣けないことがありますが、泣くことは感情を外に出す、嫌な感情を追い出す有効な方法で、パソコン業界でいうところのライフハック（コツ）なのです。

# 自分の気分を他人事のように観察してみる

「王様の耳はロバの耳」という昔話があります。理髪師は王様の耳がロバのように大きいことを知っていますが、口外禁止のため自分の胸のうちに仕舞っているうちに病気になってしまう。そこで医者は、それを井戸に向かって大声で叫ぶように「処方」します。理髪師の病気は治った上に、王様の耳の話が広まり、でもそれは皆の声をよく聞くためだということになり、王様は信頼をされるようになったと言います。

こういう昔話には意外に真実があります。自分の感情を外に出さないとストレスで病気になるのです。

理由がなくても、人は悲しくなることがあります。「なぜだかわからないけど、悲しい」。そんなときは理由は付けず、ただ泣いてみる。笑いたいときには、笑ってみる。お笑い番組をみるのもいいでしょう。実際に面白くなくても、笑っているふりをしているだけでもいいのです。

気分という波に身を任せてみてください。そうしながら、そんな自分を面白がってみてください。

「ホルモンのせいだか、あの上司のせいだかわからないけど、ともかく泣きたいんだから」と、自分を他人事のように「わかって」あげてください。

「ちょっと失敗して気分が下がってきたな。落ち込みがくるかな？」と、あなたの「気分の波」を注意深く観察してみましょう。その波を観察しているうちに、だんだんわかってくることがあります。

「こんなことが起きるときには、こんな気分になり、気分が下がる＝落ち込みがくる」

そんなことがわかるようになります。

「嫌なことを言われてプライドが傷ついているんだな」

「失敗のせいで、マイナスのぐるぐる思考にハマっているな」

脳の中で、どんな刺激がどんな気分をつくっているのか、冷静に人の脳を覗くようにイメージしてみるのです。

## 落ち込みの波はすぐに去っていくと知る

私が日々行っている禅の修行では、脳のなかで延々と生まれては消えていく泡のような考えをひたすら流して行きます。脳に浮かぶ想念を「この考えは良い」「これは悪い」といった価値判断は一切捨て、ひたすら流していきます。

たとえば、怒りや悲しみの感情が起きたとします。

怒りや悲しみの感情の合間に、「お腹が空いたな」とか「暑いな・寒いな」といった別の些細《ささい》な感情が入り込んできます。

怒りの感情といってもすべてが「怒り」で塗りつぶされているわけではなく、怒りや悲しみがメインの感情で黒い気分だとしても、その合間にわずかでも青や黄色の感情が入ってくるのです。その違う色に身（脳）を任せてみる。

脳は緻密に出来ていると思っているかもしれませんが、意外や、実際は雑な仕組みで成り立っています。黒なら黒という感情にとらわれると、その色を強化する方向に進んでいく性質を持っています。特定の才能が突出して秀でているアスペルガー症候群の人たちは、この「脳の強化の法則」が強く働くのです。

つまり、「怒り」や「哀しみ」といった感情に強くとらわれると、その感情一辺倒になっていく。けれど、怒り一つを取ってもいろんな気持ち＝悲しみ、苦しみ、つらさといった様々な感情が混ざっています。自分の気持ちを見つめる能力に優れているＨＳＰは、そうした感情の色の移り変わりにも人並み以上に気づくことができます。

今は「落ち込み」の波が来ていても、すぐに次の波がやってきます。そして、今の悲しい気分もいずれ過ぎ去っていきます。

「ゆく河の流れは絶えずして、しかももとの水にあらず。
淀みに浮かぶうたかたは、かつ消えかつ結びて、久しくとどまりたるためしなし。
世の中にある人と住みかと、またかくのごとし」

平安・鎌倉時代の歌人・随筆家、鴨長明は『方丈記』の中でこう書いています。

「脳に浮かぶうたかた」もまた、かつ消え、かつ結びて、久しくとどまりたるためしなし。長くとどまっていることはないのです。

**脳に起きる波のクセがわかると、波をコントロールできるようになります。**波に乗る身体的な快感とともに、自分が波をコントロールしつつ、それでも大きな自然に抱かれ、その一部となる心地良さに包まれている自分を感じるようになります。

小さな波のあとには中くらいの波、そして大きな波。気分という波をコントロールする術（ノウハウ）を覚えさえすれば、「気分」の移り変わりは怖いものではありません。

「気」とは空気や水蒸気のようにその場に漂っているもの、「分＝刻々」と変わっていくから「気分」なのです。

泣きながら、悲しみながら、喜びながら、嫌な感情一つだけにとらわれないようにすれば、それは波のように、川の流れのようにすぐに変わっていくものです。

## 5章まとめ

★落ち込みにもメリットがあると知る。自分の本当の気持ちに気づく機会であり、食べる、寝る、排泄するといった基本的な欲求の有難みに気づく、他人に優しくなれるなどをもたらしてくれる。

★落ち込んでいた気分が落ち着いたら原因を「見える化」してみる。それをもとに親しい人と自分の「トリセツ」を交換して、お互いをよりよく知る機会にする。

★変わりやすい気分を利用してみる。ＨＳＰだからこそ、他人の気分を読む「気分予報士」になれる。

★脳に浮かぶ「うたかた＝泡」は流れては消えると知る。「気」とはもともと掴めないもの、一瞬ごとに変わるもの。嫌な気分もすぐに変わると信じる。

# 6章

# 「逆方向の生き方」をためしてみる

## ――生きづらさから解放されるために

日々の生活を気を張って過ごし、冗談も言わず仕事を懸命に頑張る。

HSP気質の真面目な人ほどこうなりがちです。

しかし、それがあなたの人生をつらく、苦しいものにしていませんか？

人生を、楽に楽しいものにするために、

ここは「逆方向の生き方」をしてみませんか。

## 「逆方向の生き方」とは？

ＨＳＰと発達障害、うつ病などの病気に共通するのは、とにかく「生きづらい」ということです。

生きているのがつらい、苦しい。自分がそう感じているので、そういう人は楽しそうにしている人が羨ましくなることがあります。

かつての私は自分以外の人が皆幸せに見え、それに比べて自分は……と自分に余計に苦しみを与えていました。他人と「比較する」ことそれ自体が自分の苦しみを増やすことになると頭ではわかっているのに、そうせずにはいられないのです。

「友がみな我よりえらく見ゆる日よ……」

明治時代の歌人、石川啄木の有名な短歌のフレーズです。

時代は変わっても、誰しもこんな思いにとらわれることはあるでしょう。同じように、どんなに元気そうに見える人も、見えないところではもがき苦しんでいるものです。

コロナ禍の中の不安とストレス、それでなくても経済優先の世の中で、安閑としていられる人は珍しい。しかし、穏やかな気持ちで毎日を送っている人の多くは裕福な人かというと必ずしもそうではありません。むしろ裕福な人には、下手をすれば自分の資産が減ってしまうのではないかと、いつもイライラしている人もたくさんいます。

お金のあるなしではなく、穏やかな気持ちを保っている人は、自分を一生懸命コントロールしているのです。

多くの人は、生活費を稼ぐため、もっと良い生活をするため一生懸命働いていることでしょう。その努力はもちろん尊いのですが、それでも生づらさを抱えたままなら、できれば、これまでとは「逆方向」に行ってみるようにしてみましょう。

つまり、**今まで頑張ってきた人は「頑張らない」「休む」「ぼんやりする」。こういうことを無理のない範囲で意識してみてください。**

「嫌なイメージ」に苦しめられてきた人は、反対の「良いイメージ」を描くことを、少し無理してでもやってみてください。

自分に自信が持てない人は、「自分は何も人に劣ってはいない。自分はできるんだ」と、「根拠のない自信を持つ」ようにしてみてください。

「それができないから苦しいんです」とおっしゃるのはよくわかります。私もそうでしたから。

それができるようになる方法を以下に詳しく説明します。私自身が20年ぐらい悩み、苦しんできた結果、必死でつかんだものです。自分を楽に、リラックスさせる方法をつかんだ人こそ、現代ではサバイバーなのです。

## 脳が「マイナスのカード集め」をしてしまう理由

ＨＳＰやグレーゾーンにいる人の特徴として、一つ嫌なことを思い出すと、それに固執するだけではなく、次々と「嫌なこと」「忘れたいこと」を思い出してしまう傾向があります。

たとえば、何かミスをしてしまったとします。誰かに責められたわけでもないのに自分で自分を責め、それだけではなく、過去の失敗やミスまで思い出し、「ああ自分はダメ」だと思い込んでしまうのです。

会社の廊下で、向こうから苦手な人が歩いてきたとします。

「嫌だな」と思った途端、その人がＵターンしていった。そのときの気持ち。

「あっ、あの人、私のことを避けている。やっぱり嫌いなんだ」↓マイナスのカード1枚目

「そう言えばこの前、皮肉めいたことを言われたな」↓同2枚目

「あの人、人事に権限を持っていると誰かが言っていたけど、飛ばされたらどうしよう」↓同3枚目

「そう言えば、うちだけじゃなくて友人の会社も業績が悪いと言っていたっけ」↓同4枚目。

4枚目のマイナスカードのように、直接関係のないマイナスの事柄まで頭に浮かんくる。しまいには、「そういえば、学生時代に嫌なことがあったな」「彼女と別れたときにはあんなことを言われたな」……などと、どんどん深みにはまっていくこともあります。

不思議なもので、それを思えば嫌な気分になる「マイナスカード」であっても、それを集めること自体に一種の「快感」が伴うからです。

「さすがにそれはないでしょう?」と思うかもしれません。

実は、人の脳は嫌なことを思い出すとき、不快感を示す扁桃体《へんとうたい》も反応（これが身体の不調をもたらす）しますが、同時に快感を示す側坐核《そくざかく》も反応しているのです。

加えて脳は何度も同じ個所を使うと、効率をよくするため伝達速度を上げます。不安や恐怖を常に感じていると、その部分が強化され、より不安や恐怖を感じやすくする道筋ができるのです。

嫌なことをどんどん思い出しては、ますます気分が悪くなる、でもやめることができないのは、同時にマゾヒスティックとも言える「快感」があるからなのです。

この傾向は、マニアックなオタク傾向のある人や一つのことに集中して物事を成し遂げた、成功体験のある優秀な人にありがちです。

こういう人は、ある一つのことに向いていた脳のベクトルを別の方向に変えると、今度はそちらに集中し始めるのです。

## 脳に「プラスのカード集め」を学習させるだけでいい

脳は、その方向が良い方向なのか、悪い方向なのかという「善悪の判断」をするわけではありません。善悪の判断は、人が、その人自身の価値観や趣向がしているわけです。

脳の構造は複雑だとも言えますが、ある意味、非常に単純なものです。一つのことに集中して、あることを成し遂げた経験のある脳は、その後、その人の脳に「浮かんだ内容」を、その人により強く固執させるようになるのです。

何か難しいことを言っているように思われるかもしれませんが、早い話「学習する」というのはそういうことです。学習に集中は欠かせない要素ですが、**それが「嫌なこと」であっても、一度それにこだわってしまうとそれを学習し、より強化する方向に進む**ということです。それがあるから、人は自分のやりたいことを成し遂げることができるのです。

ですから、マイナスカードを集めてしまうような人は、この脳の学習機能を使って、集めるカードをマイナスからプラスに変えてあげればいい。嫌なマイナスイメージが浮かんだら、そのイメージを良いイメージ——空ならばグレーではなく青、運動が得意な人ならうまくいったときのイメージなど——に変えるように意識してみてください。

方向転換には、最初はエネルギーが必要かもしれません。危ない方向に行こうとする愛犬を引き戻そうとするイメージでしょうか。犬は最初なかなか言うことを聞かず、行きたい方向に行こうとぐいぐいリードを引っ張ってきます。でも、それに引きずられることなく「あっちに美味しいものがあるよ」と、引き戻すのです。

一度方向が変わり始めると、固執する傾向のある脳は、よりそちら側に行きたがる（強化される）ようになり、プラスの道筋ができてきます。良いイメージを集めるとき

は、それ自体が気持ちのいいものですから、どんどん強化されていくことでしょう。

その道をつくるために、最初は常に良いイメージを頭に浮かべるように意識してみてください。そのうち意識せずとも、それが脳のクセになっていきますから。

## 掃除・整理の効用

頭の中に良いイメージを思い浮かべるには、生活の環境や習慣も大切です。

私の一日は、朝のトイレ掃除から始まります。トイレをきれいにして、部屋を片付け、軽く食事をして食器を洗い、元の場所に戻します。それから般若心経を読み、写経をします。

数年前に最愛の妻を亡くした私は一人暮らしですが、部屋はいつもきれいに片づいています。

掃除は脳とリンクしているようで、余計なゴミでいっぱいになった頭から、心配事というゴミを追い出す不思議な効果があります。

部屋を整理するときはモノとモノを分けますが、頭の中がごちゃごちゃになったときには、机やテーブルの上を整理すると、不思議と頭の中もすっきりしてきます。ノートはノート、本は本として同じ場所におく……こんな風に整理していると、頭も同じ動きをするようで、ごちゃごちゃだったゴミも整理されていきます。

禅の修行のときも掃除を主な修行としてきました。掃除は煩悩を追い出すもっともよい方法だからです。

掃除を、しなければいけない義務ではなく、元気になるため、リラックスするための遊びにしてしまいましょう。

そのためにはゆっくりとやることです。能率を考えて手早く済まそうとするのではなく、最初はゆっくりと、一つ一つの動作を確認しながらやってみてください。テーブルを拭く、拭いたあとの光沢を楽しむ、風呂場の濡れたところをふき取り、蛇口などの光を楽しんでください。

大切なのは、**動作の一つ一つに達成感を確かめながら、その小さな達成感を大事にすること。作業能率・効率は無視して、むしろそれが上がらないようにゆっくりやってみる。**ゆっくり行うのは、もつれた思考の糸をほぐすための最良の方法です。掃除はそれを身に着けるためのレッスンだと思ってください。

きれいになった部屋は心身をリラックスさせ、脳を穏やかにしてくれます。これを習慣化させると、何事も慌てることなく、ゆっくりと対処しやすくなります。

掃除が好きになると、ストレスの処理の仕方もうまくなります。ストレスを感じたら、「ああ、今度はキッチンをきれいにしよう」と、そのきれいなイメージを頭に浮かべることで嫌なイメージを追い出すこともできる。家に帰って、掃除をするのが楽しみになれば、シメタものです。

## 気分転換を意識的にする

掃除・整理のような気分転換は、生活のなかの句読点のようなものです。息継ぎです。息をつめてやっていたことから身体と頭を離し、脳のギアチェンジをすることです。

この仕事をいついつまでに仕上げなくてはいけないという場合、ぶっ続けでやるより、途中で休憩、気分転換をしたほうが能率は上がります。特別なことをするのではなく、トイレに立つ、窓の外を眺める、深呼吸をするといった簡単な動きでいいのです。

気分転換については前にも述べましたが、これは何度言っても、強調してもいい方法です。

気分転換とは、今やっていることを少し離れて見ることです。自分の状況を少し客観的に「メタ認知」することです。一つのことにこだわりの強い人は、気分転換、メタ認知がうまくできない人です。

たとえば仕事でミスをして、それが頭を離れない。誰かの言葉一つをきっかけに、悲観的な方向にどんどん進んでしまいます。恋愛や試験でつまずくと、いつまでもその痛手から抜け出せない、それを引きずり、「もうダメだ」「誰からも愛されない」「次も落ちるかもしれない」とダメージを持ち続ける。

実際には、失恋してもまた次に好きになる人が現れる、次の試験には通る可能性があるにもかかわらず、そのように思い込んでしまうのは、気分転換という手段の有効性を身体でわかっていないからです。

先に、悪いイメージにとらわれている人は、そのイメージからなかなか自由になれないと述べました。不安や恐れのほとんどの原因は、この「とらわれ」です。

悪いイメージにとらわれないためにも、気分転換という句読点をいろんなところに打つようにしましょう。

「失敗のことを考えるのはここまで！」「ここでストップ！」などと声に出すことで脳に命令し、うまく気分転換をすると、脳は結構素直にあなたの言葉を聞き入れてくれます。

「脳は言葉に弱い」ということも覚えておきましょう。

## 自信こそが解決を生む——とにかく「自信がある」ふりをする

失敗して落ち込んだり、バッド・サークルにはまってしまうのは自分に自信がないことが一つの原因です。不安や恐れを抱く人の多くは、自分に自信を持てない人だとも言えます。自信があればスルーできる言葉も、自信がないと、あれこれ考えてしまうのです。

日本には謙遜の文化がありますから、「いえいえ、私なんか全然ダメです」などと口にする人のほうが好かれる一面があるのは事実です。ほとんどの日本人はそんな土壌で育っているので、「自信を持って」と言われてもなかなかそうはいきません。「それができないから苦しんでいるんです」という人が多いのです。

私も、自分自身への自信のなさに長い間打ちのめされてきました。そのために多くの失敗を経験してきました。

ドイツで行われた、日独の医学会議に私が出席したときのことです。

会議が終わり、私はロビーでお茶を飲んでいました。そのとき私の前に座った若い医局員（大学の医学部の教員）の口ぶりが、私を軽視しているように感じました。

そして二日目、別の医局員とロビーで珈琲を飲んでいるときでした。私はある妄想から次第に怒りがこみ上げ、かなりひどい言葉でその医局員をやり込めてしまいます。会議自体はうまくいっていて問題もなかったのに、「陰で私を批判しているに違いない」という妄想を抱いてしまったのです。

すべて私の劣等感のせいです。相手のちょっとした態度に、自分を無視したり、軽蔑したりしている証拠はないかと探してしまうのです。

私が怒りを爆発させなければその会議は継続され、私の評価も高まったのではないかと思いますが、結果的にこの会は二度と開かれませんでした。外国の参加者の一人が「おかしいな、大阪の人たち（大阪から来た私以外の参加者）が突然やる気を失ったようだ」と言っていたのを憶えていますが、私自身の劣等感のお陰で、それを叩き潰してしまったのです。同席した教授たちからの連絡も途絶えました。

このように、自信のなさは自分を苦しめるだけでなく、周りの人たちに危害を加えることがあります。私は、自分を卑下し、劣等感を持つ必要はないにも関わらず、自信のない時期を長く経験しました。そのため、一時は大学の教授を辞め、一から医学を学ぼうと思い詰めたほどです。今では、その原因が私のＨＳＰ気質にあったと思いますが、当時はうつ病だと思い、長い間苦しんだのです。

自信というものは、人間関係をはじめ、人生にとって最も必要なものでしょう。自信がないから人の目が気になる、人の言葉が突き刺さる、振り回される。こうした症状の多くは、自信を持ちさえすれば解決することが多いのです。

そうは言っても、「自信を持てと言われても、はい、そうですかと持てるはずはないでしょう」と言う人は多いでしょう。

しかし、有名医科大学の教授だった私が自信を持てなかったように、自信というものは「頭がいい」「学歴がある」「お金を持っている」といった外部条件とは全く関係のないものです。そういうことに自信を持つ人もいるでしょうが、それはその条件がなくなったり、人がそれをすごいと思ってくれなければ失われる、脆《もろ》い自信です。

ではどうしたら、無条件で自分に自信を持つことができるのでしょうか。

一つの方法は、自信がある人の「真似」をすることです。

幸いHSP気質の人は、人の動作、言葉がうつりやすいので、真似することは得意です。**周囲にいる「あの人のような自信を持ちたい」と思えるような人の振る舞いを真似してみる。つまり「自信のあるふり」をしてみる**のです。

自分を俳優だと思って、自信のある人のふりをしてみてください。その人の表情、声のトーンをしっかりと覚え、人前で実践してみてください。最初はぎこちなくても、それがサマになってくる頃には、体中から快感が湧いてくることでしょう。

自信は、自分を光のある場所に連れていってくれる車のエンジンであり、ガソリンです。小さなものであっても、とにかく自分に自信を持ち続けることが、「生きづらさ」から逃れ、幸せをつかむ方法だと肝に銘じてください。

## バカ話と交話的会話術

生きづらい、落ち込みやすいという人の中には、「バカ話」や「雑談」ができない傾向の人が多くいます。

つまりは真面目で、相手の言葉を正面から受け止めてしまい、「かわす」ことがうまくできない。相手の言葉のナイフをまともに体で受け止めてしまうのです。

「きのう居酒屋に行ったら面白い人がいてね……」

「……何が言いたいんですか？　私への当てつけですか」

先に、私自身が医局員の言葉を間違った思い込みをした失敗談を述べましたが、同じように、ただの雑談を自分への責め言葉と思い込んでしまうとこうなります。

勉強ができる人には、こうした「雑談」「他愛のない会話」ができない人が多い。それは「言葉はすべて意味を持っている」と学習しているからです。

そういう人は、世の中の会話はほとんど「バカ話」「雑談」でできていることを認識し、これも今までと「逆方向」の努力をしてみてください。

つまりは**「くだらない話をする」努力**です。

雑談をすると、人間関係がスムーズになりますし、相手から好意を持たれる確率が上がります。

「それ、どんな意味があるんですか？」

そう聞かれたら、「いや、ただの雑談です」と返します。「バカみたい」と言われても、そう言われることに慣れましょう。

そして**相手に対して好意を持つ。あるいは好意があるふりをする。**

好意は、人と人の間にある壁の高さを一気に低くしてくれる潤滑油です。雑談の中で相手が自分の知らない話をしていたら、すかさず「すごいですね」と褒める。褒めて不愉快になる人はいません。

「すごいですね」「さすがです」「勉強になりました」……。

私が大失敗をやらかした先の会議のとき、誰かがひと言でもこんな言葉を、お世辞でもいいから言ってくれていたら……私は上機嫌で会議を終わらせることができたのではないかと、自分の至らなさは棚上げして、そう思っています。

日本の企業を始めとする集団では、いまだに「メンツ」を大事にします。上の人にミスを指摘して相手が怒るのは、メンツを潰されたと感じるからです。先に、私が医局員に怒鳴ったのも、せっかく自分がお膳立てした会議なのに、メンツを潰されたように思ったからです。

相手の劣等感やメンツを刺激して自分が嫌な気分にならないように、昼食や休憩時に「意味のない雑談」をしてみてください。いきなりやるとぎこちなくなりますから、友人などを相手に練習してみましょう。

そして、もう一つの人間関係をスムーズにするコツは「交話的会話術」です。

これは拙著『ＨＳＰと不安障害』（廣済堂出版）でも述べましたが、**相手の言葉をそのまま繰り返す**方法です。

「君は実に神経質だね」と言われたら「ああ、そうですね」、「あなたって空気読めない人ね」と言われたら、「そうかもしれません。気を付けます」

**相手の言葉を、とりあえず否定せず、まずは受け入れる。**「神経質というより繊細と言って欲しいけどな」「そちらが空気読みすぎるんじゃない」といった反論は自分の頭の中で言えばいいのです。

## 脳の断捨離——ぼんやりする

「今までと逆方向に行ってみる」と言いましたが、真面目で休むことが苦手な人に実行して欲しいのは「ぼんやりする」ことです。

これはもう、仕事だと思ってやってもらいたいくらいです。最近の研究では「ぼんやりする」ことにはすごい効果があることがわかってきました。

ノーベル賞をもらうような大きな成果を上げた人の中には、この「ぼんやり効果」で、大きなひらめきを得た人が何人もいます。

ＩＰＳ細胞を発見した京都大学の山中伸弥氏は、ある時期、研究に行き詰まっていましたが、家でシャワーを浴びていたときに、突然アイデアが湧いてきたという話は有名です。

ぼんやりと空や雲や緑を見ていると、それだけで脳は普段の動きを止めて形のない泡のような考えを形にしようとする習性があります。それを**「デフォルト・モード・ネットワーク」**と言います。

「デフォルト」とは初期設定のことです。不必要な情報やがらくたでいっぱいになった脳を初期の状態に戻す。つまりは**「脳の断捨離」**です。

断捨離は、家のなかのがらくたを捨て、本当に必要なものだけを残すことで、暮らしをスムーズにする方法ですが、脳にも必要な作業です。

それには「ぼんやり」しさえすればいいのです。

休む暇なく働いてきた人の中には、ぼんやりするのは難しいという人もいます。特にグレーゾーンにいる人は、動く、意味のあることに時間を使う、効率的に物事を進めることで頑張ってきた人が多い。「ぽっかり予定が空いた」ことに不安を感じて、すぐに予定を入れてしまう。通勤時間の合間にもスマホを見たり本を読んだりと、常に頭をフル回転させています。

そういう人は、これからは「ぼんやりする」時間を意識的につくってください。ただぼんやりできないなら、最初は歩く、掃除をする、歌を歌う、般若心経を唱える、好きな本の一節を読み上げるなどの単純作業に集中してみてください。単純作業には思わぬ効果があります。脳にリズムを与え、余計な考えを追い出すことです。「脳の断捨離」と言いましたが、実際に部屋を断捨離することで、脳も部屋もすっきりするという方法もあります。

## 6章まとめ

★これまでの頑張りの向きを変え、逆方向の頑張りにする。

★「マイナスのカード」を集めないために「プラスのカード」を集めるようにする。一つのことにこだわりのある人は、ベクトルを逆の方向に変えると、そっちの方向に集中しやすい特徴がある。

★掃除や整理などの単純作業は、気分転換のいい手段。

★自信を持てば「生きづらさ」は解消する。自信のある人の真似をし、ウソでも自信のあるふりをしてみましょう。

★相手の言葉のナイフをまともに受け止めないために有効なのは、意味のない会話や雑談。

★苦しい自分から生きやすい自分にチェンジするために、「休む」「ぼんやりする」ことは大切。脳の断捨離のために必要なことだと割り切ってみましょう。

# 7章

# HSP・グレーゾーンの「困った！」あるある

――その危機を乗り越える簡単対処法

ＨＳＰやグレーゾーンの人には、共通の「困った！」が起こりがちです。
それはセンサーが敏感で、他人の影響を受けやすいことや
他人からの評価が気になって仕方ないといったことが原因ですが、
原因を知り、対処法を身に付ければ、苦しむことはないはずです。
少しずつ、生きる知恵を身につけていきましょう。

最後に、ＨＳＰやグレーゾーンの人たちがよく経験する困ったことへの対処法を説明していきたいと思います。実際に聞いた話、相談があった事例などをまとめてみますので、参考にして危機を乗り越え、気持ちが楽で、穏やかな人生を手に入れてください。

## 困った！ 「楽」「楽しい」という気持ちに罪悪感を抱いてしまう

ぼんやりする、楽にする、楽しむ……本書にも、またほかの本にも、よくこんな提案があります。でもぼんやりすると嫌なイメージが湧き上がってくるし、「楽」でいると何か悪いことが起きるのではないかと逆に不安になる、また楽しんでいる最中にいきなり、私が楽しんでいいのだろうかという罪悪感に襲われます。

一緒にいる相手にもそれが伝わるのか、「一緒にいても楽しくない？」と聞かれたりして、それがまた自分を責める材料になってしまいます。頭でわかっていても、それが抜けません。情けない限りです。

## ■対処法

ＨＳＰやグレーゾーンで苦しんできた人は、長い間頑張ってきた人です。今の苦しみは、その頑張りの後遺症といってもいいのではないでしょうか。

先にも述べましたが、「頑張り」はアドレナリンを多く分泌し、一種のアドレナリン中毒のような症状を起こします。頑張っていないと不安になるのです。

「頑張る」ことは良いことだと否定のしようがないほど言われ続け、自分もそう思ってきたため、「頑張らない」と悪いことをしているような気持ちになってしまうのです。バブルが弾けても、コロナ禍の時代になっても、大変な時代だからこそ頑張らなければ、という考えの人も多いはずです。

加えてＨＳＰ・グレーゾーンの人は自己肯定感の低い、つまり自信のない人が多いため、余計に「頑張らなければ評価されない」と思ってしまいがちです。

もちろん、頑張ることは悪いことではありませんが、そればかりでは心身がオーバーヒートを起こし、そのうち動かなくなってしまいますから、休むことが必要不可欠なのですが、今や「休む」ことにもテクニックが必要な時代になってしまいました。

そこで提案ですが、休んだり、楽しんだり、楽することに罪悪感や苦痛を感じる人は、「休む・楽しむ・楽する」を「頑張って」やってみてください。

**「休むを頑張る」**とは変な言い回しですが、実際、そのくらい「休む」ことは大事なのです。

とりあえず「休日は何もしない」と決めてもいいでしょう。掃除に洗濯、運動と、休日にはやらなければいけないことが山積みかもしれません。それができないとなると、また無力感に襲われます。

そういうときには、「やらなければ」の「べき思考」をストップさせ、「何もしなくてもいい」と意志を持って決めるのです。

「何もやらない」は結構キツいものです。「少しくらいなら掃除でもしようか」という気が起こるかもしれません。そう思ったときは素直に心の声に従いましょう。掃除などの家事は「身体を動かしながら心は休む」という最高の状態をつくってくれるからです。

HSP・グレーゾーンの人は多くはもともと才能があり、能力のある人です。優れた感性の持ち主です。感じ過ぎ、頑張り過ぎるからつらく、生きづらいのです。

しばらく休めば、その能力を発揮する時は必ずやってきますし、その能力はおそらくマイペースでこそ発揮されるものでしょう。
だから、今は「休む」「楽しむ」に集中してみてください。

## 困った！ 自分への評価が気になって仕方がない

「婚活がきっかけだったと思いますが（今も継続中です）、一緒にいる人が何を考えているのか、自分は好かれているのか、嫌われているのか……と気になって仕方がありません。思えば、就活でも、自分の社会的価値がどの程度なのか思い知らされ、傷ついた記憶があります。

　仕事がある程度一段落して気づいてみたら、30歳を超えていて、子どもを産む時期も考えたいと婚活を始めました。最初は軽い気持ちで始めたのですが、普通の出会いと違い、常に『値踏み』されていると感じ、それ以来誰に会っても『この人は自分にどのくらいの点数をつけているのだろう？』と憶測するようになってしまいました。

ＨＳＰ気質の人は、人の言動に振り回されることが多いようですが、私の場合、振り回されるというより、自分への評価が気になってしまうのです。相手から好意を示されたように思っているときに断りのメールが来ると、断られたことよりも、自分の読みの甘さにがっくりしてしまいます」（ある女性からあった相談）

## ■対処法

最近は、結婚するにも出会いの場が少なくなり、「婚活」が就活のように行われていると聞きます。かつては世話好きな人や上司が職場にもいたものですが、今では人のために動いてくれる人は少なくなったのでしょうね。

加えて、結婚に対する考え方も、どんどん安全・安定志向になってきています。

コロナ禍で多くの企業が倒産したり、リストラをしています。店もバタバタ閉店していますよね。アフターコロナの社会も見通せない世の中ですから、結婚に安全・安定を求めるのはサバイバルの法則かもしれません。

そうなれば、相手が自分をどう思っているか、どれくらい評価しているのか、いないのかにより敏感になるのは、ＨＳＰ気質の人でなくても当然かもしれません。

しかし、こと結婚に関しては、相手からの評価がそのまま自分の適正な評価につながるものではありません。人が人を好むのは安定以外も、容姿、話し方、雰囲気、匂いといった生物的なものまでさまざまで、どれを重視するかも人それぞれです。

たまたまその人の好みに合わなかっただけのことで、そうやって「フラれた相手」より、もっといい人を見つけた話はよく聞きます。とくに婚活のような場は、ある人の評価が絶対的なものにはならないと思って間違いありません。

さて、相手から値踏みされている感じがするという話に戻ると、実は、むしろあなたが相手を値踏みしているのかもしれません。それが自分に跳ね返っているようにも思います。

婚活や就活に限らず、人は誰かを前にすると、相手がどんな人かを探ろうとします、それは不安だからで、ごく自然なことです。そして現代社会では、その不安を払拭するための安全・安定性のバロメーターとして「学歴」や「年収」がメインになっている場が多いということです。

少し前に『嫌われる勇気』（ダイヤモンド社）という本がベストセラーになりました。

多くの人がそれほど人から嫌われる、疎んじられることを恐れているからでしょう。

多くの人が「人に好かれたい」という願望を持っています。けれど、それが現代は行き過ぎて、息苦しさにつながっている。だからこそ「嫌われる勇気」が必要なのです。

相手の心はわからない、神のみぞ知る――。

私はこれでいいと思っています。

「人に好かれたい」という気持ちが緊張を生み、不自然さを生みます。「神のみぞ知る」と思えば、相手が自分に低い点数を付けても、間違っている、むしろ自分の良さをわからない、ならば結婚しないほうがいいということです。

繰り返しますが、**相手が自分に点数をつけていると思うのは、あなたが相手に対してそうしているからです。そうされたくないと思うなら、どんな人に対してもまずは笑顔で向き合うこと。**笑顔は「あなたに好意を持っている」という表現です。次に、一緒にいるときには、できるだけ相手への共感を示す。まずは、たとえ自分の考え、思いとは違っていても、大きく頷くこと。これだけでいいと思います。

「頷き」は、相手の言葉に賛成というより、「あなたの言葉をよく聞いています」という身体表現で、話の内容に共感しているというより、相手自身の「存在」に共感することにつながります。

そして「あなたの言葉に耳を傾けます」ということが相手に伝われば、相手もあなたを値踏みするような姿勢は自然ととらなくなるでしょう。

それができた上で、お互いの考えの違いがあれば、あとで話し合う。お互いの存在を認め合うことさえできれば、相手との相違はさほど気にならないことも多いはずです。

この方法は婚活に限らず、会社内外の人間関係など、あらゆる社会に活用できる方法ですから、ぜひやってみてください。

## 困った! すぐに頭がパニックになり、何から解決したらいいのか決断できない

人に何か嫌なことを言われたり、仕事でミスをしたりしてパニックになると、頭が混乱してどうしていいのかわからなくなることがあります。そうなると、自分を余計に情けなく感じて、ますます混乱する。ＨＳＰやグレーゾーンの人には多かれ少なかれこう

いう傾向があります。

## ■対処法

こんなときはまず深呼吸して、心も身体も落ち着かせることを優先させましょう。誰か信頼できる相手に電話する、好きな歌手の歌、声を聞くなどするのも脳を落ち着かせるセロトニンを増やす効果があります。

とにかく、その場をいったん離れ居場所を変え、周囲の空気を変えます。

一時的なパニックの場合はまず落ち着くことが大切ですが、普段から混乱しがちな人は**ホワイトボードなどを用意しておき、そこにパニックの場合に「やること」「優先順位」などを書いておく。**これが有効です。

仕事先のデスク周りや自宅の一番目にする場所、たとえばテレビや冷蔵庫の横にそれを設置しておくと、頻繁に「ああ、そうだ」と確認できるようになります。

ノートと違い、ホワイトボードは開く必要がないので、思いついたらすぐに書くことができます。今はマグネット式のボードやペンも安く売っているので、購入しておきましょう。

もう一つの「決断できない」ですが、決断には就職、転職、結婚、離婚などの大きな決断とランチに何を食べるか、いつ電話するか、歯医者にはいつ予約の電話を入れるかといった日々の小さな決断があります。

しかし、大きな決断は日々の小さな決断の積み重ねです。たとえば就職は、これまでのあなたの進路や選んだ学科、ゼミなどを選択した延長にあるものです。

いきなり大きな決断だけがあるわけではありません。

日々の小さな決断をすることに慣れると、大きな決断するときにも、特に「決断するぞ！」との強い意志がなくてもスムーズに選択できるようになりますから、小さな決断をするレッスンを始めましょう。

これもホワイトボードを使い、予定のあるものは予定日を、ランチなどは、人と一緒に流されて食べるのではなく、一人で「今日はこれを食べに行こう」と決めてみる。そのうち、好きな店、食べたい料理などを調べるのが楽しくなると思います。

何より大切なのは、生活自体をリズムに乗せること、頭で考える前に身体が動くようにしておくことです。

ミスをしたり、人の言葉に動揺したら、その場を離れて深呼吸。優先順位ボードを目にしたら、頭で考えずにとにかく書いてあることをやるようにする。
そんな積み重ねが、頭の中を整理させていきます。

## 置いた場所を忘れる……「どこへ置いたっけ？」が多い

これは先に挙げた「頭の中が混乱している」と同じで、ただそれが部屋や仕事周りなど物理的なものが未整理という状態になっているわけで、やはりＨＳＰ・グレーゾーンの人の「あるある」です。

### ■対処法

「分ける」は「分かる」に通じます。部屋の中のものも「分ける」ことで置き場所が「分かる」。結果、探し物がぐっと減ります。

物が見つからない、探し物が多いのは、頭にいろんな情報が一度に入ってくるのと同様、物の量が多くて混乱するからです。

毎日出かけるときの必需品、鍵、スマホ、財布、最近ではマスクなどは箱に入れて帰宅したらすぐにその箱に入れるようにする。まずはこれだけで、出がけの「ない！」を防ぐことができます。

爪切りなど、時々しか使わないけど見つからないと困る物は、引き出しを開いてすぐに目につくところに、必要な本や資料は、デスク周りに積み重ねるのではなく扇状に、つまり手に持ったトランプを相手に差し出すときのように開いて置いておく、肝心なタイトルなどがすぐに目に入るように並べている人もいます。いいアイデアだと思います。

資料は、内容ごとにわかりやすいようにポストイットを貼っている人が多いようですが、資料の上部にクリップを付け、そのクリップに内容を簡単に記した紙を貼ると剥がれることもなく、わかりやすいのではないでしょうか。紙の色を変えるとよりわかりやすくなります。

グレーゾーンの人の中には、片付けが苦手な人が少なからずいます。捨てる、捨てない。この決断をするのが苦手だからです。そんな人は思い切って「断捨離をする」と決めて、捨てるを優先するのもいい方法です。断捨離は決断グセをつけるのにいいメソッドです。

それもできないという人は、一度、収納・整理のプロに頼んでみるのも一つの手です。お金を使うと、次からは自分でやろうと気を遣うようになるものです。親しい人に頼むと、「いや、それは必要だから！」と甘えや慣れから作業が進まないし、悪くすると喧嘩になることもあるのでプロに頼むのがおすすめです。

## 困った！ つい他人と比べて、強い劣等感を抱いてしまう

現代社会は、他人と自分を比べるようにできてしまっています。年収を比べ、学歴を比べ、仕事を比べ、美しさを比べる……。

人と比べることで競争を促し、利益を得るようにできているのです。女性が美しくなるために女優と比べさせ、ある物を買えばその人と同じようになれると錯覚させる。学校や学習塾では成績を競わせ、一人でも多くを有名校に進学させようとする。HSP気質の敏感な人たちは、これに苦しめられ、疲弊してしまう人が多いです。

## ■対処法

まず「比較される社会」にあなたはいるのだと肝に銘じてください。その上で、その競争に乗ることは自分のためにはならない、誰かに踊らされているのだと知ってください。

「わー、あの人ってすごいね」

誰かのこんな無邪気な言葉に人は弱いものです。

「そうか、ああいうこと（状態）をすごいというのか」と、人は幼い頃から学んでいきます。

「大きな家だね、すごいね」

「〇〇君のお父さんってあの企業の社長なんだって。すごいね」

勉強ができる、身体能力が優れている、音楽の才能がある……ある分野での能力の高い人ほど、そんな競争に巻き込まれやすくなっています。

何年か前、ある企業で、あまりの激務とパワハラでついには自ら命を絶った女性がいました。彼女は、小さいときから、自分が何をやりたいかよりも「どちらがより社会的なステイタスが高いか」で進学、就職を決めていたと言います。常に「いい学校」「いい会社」「高い年収」を規準に進む道を決めていたわけです。

これはまさに地獄への道です。

私自身、常に周りの誰かと比べては「自分はダメだ」と落ち込み、劣等感に打ちひしがれて、うつ状態に苦しめられてきました。今思い出すと、バカなことをしていたものですが、その発端は劣等感からでした。

ある僧侶から「人は誰かに悲しみを述べるとき、その声にかすかな喜びが混じる。喜びを述べるとき、その声にかすかな悲しみ混じる……。ところが盤珪という禅師はそうではなかった。悲しみを述べるときには悲しみだけの声が、喜びを述べるときには喜びだけの声があった」との言葉を聞き、とても驚いたのです。

というのは、私は他人が幸せになったと聞いたとき、「よかったですね」を言うのが嫌なくらい嫉妬深かったのです。

だから、その言葉を聞き、嫉妬という邪念のある自分は人を指導する立場にはない、自分はダメな人間だとの思いに憑《と》りつかれてしまった。自分はダメだという悪い思考サークルにはまった私は、自分のダメなところを探し始め、ついにはうつ状態になっていきました。

ＨＳＰ気質だった私は、まさに人の何気ない言葉に、無意識のうちに振り回されていたのです。立派な人の言葉だからといって、それが自分にとって良い言葉だとは限りません。特に、あなたや人を否定する言葉には注意してください。

人の良し悪し、人の存在価値といった評価は、それをする人の立場によって大きく変わります。誰に聞くかによってプラスになったりマイナスになったりします。その人の利益になる人はプラス評価、不利益になる人はマイナス評価になるのは当然です。

だからこそ、あなたを否定する人の言葉を真に受けないでください。ＨＳＰやグレーゾーンの人の多くは自信や自己肯定感を持てません。逆に言うと、自分に自信を持てない＝自己否定に走ることがさまざまな困難を生み出しているのです。

**人生で一番大事なのは自信です。ひどく自信をなくすと人は廃人にさえなってしまいます。どんな小さなことでも、まずは自分を大切にすること。**「今、あなたが持っているものには意味はない」などという言葉には耳を貸さないで、今あなたが持っているものを大事にしてください。

## 困った！ ネット・テレビ依存から抜けられない

HSP・グレーゾーンの人は不安になりやすいため、その不安を忘れたいとネットやテレビをつい見てしまいがちです。何かで気を紛らわせないと頭の中に不安が渦巻きそうになるからです。

### ■対処法

不安を紛らわせようとネットを見た、テレビをつけた。でも、その先にあるのは、もっとあなたを不安にさせるような情報ばかりではないでしょうか。

HSP気質の人は、ホラーやサスペンスなどの映画を好んで見ることは少ないと思いますが、昨今の映画には目にしたくない映像や音がどんどん出てきます。それはあまりにリアルな映像で、画面から臭いまで漂ってくるような気さえするという人もいます。HSPには刺激が強すぎますから、そんなシーンになったらスイッチオフにしてください。

できれば、ネットは調べたい情報、料理のレシピなどの検索だけにしておきましょう。スマホの弊害もいろいろ言われています。夜寝る前に見ると睡眠障害が起きる、慢性的な頭痛など、今や現代病の一つです。

ＨＳＰ・グレーゾーンの人は、特に「凝《こ》る」「ハマる」傾向が強く、ある情報が気になるとネットサーフィンをやりがちで、スマホ依存症になる人も多い。スマホ依存症に注意したいのは、下記のような傾向にある人のことです。

①何か小さな音がするとスマホからの着信ではないかと気になる。
②トイレやお風呂に入る時にも手放せない。
③スマホで写真を撮るために、インスタ映えする場所にわざわざ行く。
④気がつくとスマホを見ている。

今や多くの人が、これらの項目に思い当たるのではないでしょうか。多くの人にその傾向があるからと安心はできません。特にグレーゾーンの人はハマりやすいので、ネットとは距離を保ちましょう。ネットの弊害には下記のようなものがあります。

①誰かとつながっていないと不安になる……それでなくとも不安になりがちなのに不安要素が増える。

②生活のリズムが崩れる……グレーゾーンの人にとって、生活にリズムを持つことは大

切です。ところがテレビやスマホを見ているといつの間にか時間が過ぎ、その結果、日々のやるべきことを飛ばしたり、省略することになります。スマホを見ながらなので食事がおろそかになる。そのあとの片付け、歯磨きといったルーティンが雑になることもあります。

③心身の不調をもたらす……常にうつむき状態でスマホ画面を見ているため、首周辺の血流が悪くなり、その結果、頭痛や肩の凝りが起きます。それが体調不良を引き起こし、心にまで影響を及ぼすということです。

　話が飛ぶようですが、私は座禅を日々の日課にしています。

座禅はまっすぐに座ります。まっすぐに座ると首、背骨、腰周りの筋肉は緊張します。これらの筋肉をつなぐ腱は脳に繋がっていて、緊張することで脳の、前頭前野を刺激しているのです。

　前頭前野の役割の一つは「集中」です。脳を目の前のことに集中させるので、悩みの活動の中心である辺縁系への刺激が減るのです。つまり、座禅では座ることに集中するので、それが悩みや不安、つまり煩悩をなくすことにつながるわけです。

逆に言うと、先述の箇所の筋肉が緩むと、首をまっすぐに立てておくことができなくなり、眠くなります。うとうとしてしまい、人や物に寄りかかってしまうのはそのせいです。スマホは見る姿勢にも大きな問題があるということです。

スマホでも一つのことに集中するため、一時的には悩みや不安がなくなるような錯覚をもたらしますが、不自然に首を曲げ続けることで脳への血流も悪くなります。つまり、無理な姿勢で強い刺激を受けることで、本当に必要な集中が起きなくなっているということ。時々は首を上げて空を見てください。

まっすぐに座る——。これだけで不安、妄想、煩悩が減ることを昔の人は知っていたのです。

## 困った！ 朝、ベッドからなかなか起き上がれない

**HSP・グレーゾーンの人は、朝に弱い傾向があります。**目が覚めてもベッドからなかなか起き上がることができない。

仕事に行きたくない、電車に乗りたくないという理由がある人もいますが、一度起きると習慣で顔を洗い、お茶で目を覚まし、そのまま仕事に出かけるという人も案外いるようです。

## ■対処法

朝の難関が「ベッドから起き上がること」という人は、朝起きたときの楽しみを用意しておくのも手です。目覚めの珈琲をすぐに飲めるようにセットしておく。そのとき、好みのスイーツやパンも一緒に用意しておくとより効果的です。

私がうつ状態のときに実行していたのは、太陽の光が入る部屋に寝ることでした。朝目が覚めると、何も考えずにカーテンを開けるのです。

ある企業では、何日間も泊りがけでやる作業があるとき、ホテルの東向きの部屋を取るといいます。参加者をその部屋に泊まらせ、朝、太陽の光で目覚めさせるとそのあと作業の進行状態がよくなるそうです。

光は、脳の視床下部で「トリプトファン」という物質を分泌します。トリプトファンは幸せホルモンであるセロトニンやメラトニンを作り出すのです。

朝、光を浴びてセロトニンができると、それが夜にはメラトニンに変わり、よく眠れるようになります。睡眠障害のある人に、朝散歩して太陽の光を浴びるように提案するのはそのためで、朝の太陽はなによりのご馳走なのです。実際、うつ病に罹《かか》った人が日差しの強い地方に行くと元気になる例も数多くあります。

太陽の当たる部屋がないなどの理由で日の当たらない部屋に住み続けていると、どんな人でも気分が暗くなってしまいます。そんな人は、朝目が覚めたらすぐに部屋の電気を点け、目をつむって電球の光の方向に目をやってください。これをやるだけでセロトニンの分泌は格段に違ってくるので、おすすめです。

朝でなくても、思いついたときに電灯の光を目をつむって見る。これだけでも元気効果があります。

困った！

## すぐに結論が出ないと不安になる

メールをしたのにすぐに返事が来ない、ブログをアップしたのにアクセスする人が少ない。出会い系サイトに登録したのにアプローチが来ないといったことで落ち込む人が、最近は増えたように思います。

ネット情報社会が進むにつれ、すぐに望んだ場所にアクセスできないとイライラする、画面転換が遅いとイライラするなど、短時間であっても待たされると我慢できない人が多くなっています。

## ■対処法

人間関係はメールやＬＩＮＥ、オンラインゲームのように多くの人が即レス、素早く反応してくれるわけではありません。

結論を急ぐ人には、二つのタイプがあります。

一つは、試験やゲームで条件反射に慣れている人。頭の回転が速く、他の人が手間取ったり、じっくり考えたりすることを待てないタイプの人です。現在の試験問題なども「条件反射」の良い悪いが合否を左右することが多いので、勉強ができる人の多くに見られるタイプです。

もう一つのタイプは、「自信がない」タイプ。提案や言った言葉への返事が遅いと、自分が否定されたように思ってしまうのです。

比較的きちんとした出会い系サイトに登録した人で、すぐに画面にアップされないと心配して、自分のどこが悪いんだろうか、顔だろうか、学歴だろうか、仕事だろうかと心配して人に相談に来た人がいました。

顔立ちが悪いわけではなく、会社も上場企業なのですが、女性との付き合い経験があまりないので、自分が受け入れられないのではないかと、心配でたまらなかったようです。登録したサイトは、入会金もある程度高い真面目なサイトで、登録した人を厳選していたようです。

しばらくすると、彼は、そのサイトの推薦枠といったところにアップされ、会ってみたいという人がどんどん出てきたそうです。

就活も同じです。自信がある人は、自分の適性をしっかり把握しているので、うまい話にやすやすとは乗りません。うちの会社に来てくれるかどうか、すぐに結論を出してくれ、急いでくれないとこんないいことを逃す——そんな風に急かす相手は無視、スルーしたほうがいいとわかっているのです。

逆に言えば、こういう手合いは「自信のない人」を見抜き、つまらないものを押し付けるのが上手なのです。

どんなことも、すぐに結論は出るものではありません。むしろすぐに結論が出ないことのほうが、よりよい結果をもたらすと思っておきましょう。

結論を急がず、じっくり取り組むクセを付けるためには、「待つ」ことを覚えましょう。**自信を持つことで待つことができるようになるのですから、逆に、待つことを覚えれば自信がつく**のです。

## 困った! 食事をつくる気が起きず、コンビニ食が多くなってしまった

毎日の健康で充実した生活を下支えするもの。それはやはり食事です。

考え方、思考の持ち方といった抽象的なことにこだわり、食事の大切さを忘れる人が多いのは残念なことで、あなたを作っているのは食べるものですから、食事の大切さを再確認してください。

## ■対処法

脳の機能にとって大切なのは、アミノ酸、ブドウ糖、脂肪酸です。

まずアミノ酸はタンパク質の原料で、「筋力」「持久力」「疲労回復」「免疫力」「脂肪燃焼」といったさまざまな身体機能をアップさせます。

さらに、アミノ酸は気分の落ち込みや記憶力もアップさせます。脳の機能にとって大切な物質セロトニンやドーパミンといった物質をつくり出すためです。

ブドウ糖は脳のエネルギー源です。ブドウ糖と果糖からできているのが砂糖です。脳の重さは体重のおおよそ2％ですが、脳は全摂取カロリーの20〜30％ぐらいを使っています。だから、エネルギー源が少ないと脳は疲れてしまいます。

ある高視聴率の番組で、医師が重大な手術をしたあと、ブドウ糖を飲むシーンがありました。過剰に脳を使ったため、脳に補給しているのです。疲れたときに甘いものが欲しくなる。甘いものを食べると元気になるのはこのためです。

最近では、脳内にブドウ糖が到達する前に「甘い！」という認識だけで脳はドーパミンやエンドルフィンという物質を分泌させ、快感を感じることが知られています。疲れたら甘いものを食べてリラックスすることは、うつ病の予防にもなります。

三つ目の脂肪酸は、青魚などに多く含まれています。青魚に含まれるＤＨＡという文字を最近はよく目にしますが、これも脂肪酸の一種で、鯖に含まれている脂肪酸は認知症への効果が期待できると脚光を浴びています。

うつ病への効果も期待できます。大昔の人類は川や海の近くに住んでいましたが、その当時に大量の魚を食べ、それが人類の脳を大きくしたという興味深い説があります。実際にうつ傾向の人に魚を食べるように促したところ、いろんな症状に改善が見られたとの研究結果もあります。

疲れて何もする気が起きないのは、たいていの場合、身体より脳の疲れによるものです。食事を簡単に済ませたり、抜くこともあると思いますが、料理は気分転換にもなり、脳を活性化させます。

私は現在ひとり暮らしの高齢者ですが、今でも掃除と料理は欠かすことなく自分でやっています。

ぜひ規則的な食事とともに、アミノ酸摂取のために肉、魚、卵などを食べることを忘れないようにしてください。

# あとがき

最後までお読みいただきありがとうございます。

繊細で敏感なHSP気質の人の中に、発達障害、気分障害（うつ病を含む）、不安障害などさまざまな症状が混在しているグレーゾーンの人が増えています。ある一つの病気と診断された人たちの中に、別の症状が入りこんでいるのです。

IT、AI、SNS……次々と出てくる世の中の新しい情報・コミュニケーションツールに加え、2020年にはコロナ禍というこれまでにない事態が起きました。これによって世の中全体が落ち込み、不安感や自信のなさに包まれました。

こんな時代ですから、多くの本が「自分を変えなくてはこれからの世界はサバイバルできない」と警告を発しています。

しかし、私はあえて「あなたはあなたのままで生きて欲しい」と提言します。

あなたが生きづらくて苦しいのは、あなたが世の中で「これが正しい」と言われているものに迎合できない、共感できないからだと思います。多くの人と違う自分はダメな人間だと思い込んでいるのです。

その思い込みをやめ、自分が発する自分の中の小さな声に耳を傾けてください。自分本来の感じ方、考え方を取り戻してください。

そして「自分はこのままでいい」と自信を持ってください。

そのためには何をすればいいのかを、私は本書で提案したつもりです。

私自身、40歳のときにアメリカ留学から日本に帰り、慣れない業務からうつ状態になり、どんどん悪化していくという苦しみを味わいました。

その症状は、実はＨＳＰ気質からきていると、だいぶ時が経ってから知ったときの驚きと安心感はいまだに忘れることはできません。

ＨＳＰは周囲の環境に人一倍影響を受けます。

あるクリスマスの日に家族と書店を覗いていたとき、ある一冊の本を開き、そのあまりにシンプルな啓示のような言葉に目からウロコの思いがしました。

そして、その本に強く影響を受け、私のうつは突然治ったのです。

学者をやってきた私の脳は、小難しいことのほうが意味がある、価値がある、効き目があると思うようにできています。だから、あれこれいじり回し、ああでもないこうでもない、いや、これは理屈から言っておかしいなどと頭で考え続け、考えれば考えるほど症状を悪化させる傾向にあるのです。

　もちろん考えることは大切ですが、それで自分が生きづらくなったり、苦しくなっては意味がありません。

　ここは発想を変えて、ゆっくり休憩を取る、ぼんやりする、身体を動かす、家事をする、きちんと食事をとる……こんな単純なことが、あれこれ考えるよりもまず大切なことなのだと知ってください。

　仕事や勉強を頑張るより、これらに時間と手間をかけてみてください。そうすれば、苦しんでいたあなたもいつの間にか、光を見出していることでしょう。

　この本が一人でも多くの人の幸せを生み出すヒントになれば、こんな嬉しいことはありません。

2021年2月　コロナ禍の緊急事態宣言中の日本にて

高田明和

装丁◉原田恵都子（Harada + Harada）
カバー挿画・マンガ◉福田玲子
本文デザイン・DTP◉桜井勝志
編集協力◉中原悦子
　　　　　松山久
編集◉飯田健之

# HSPとグレーゾーンな人たち

## 「私、HSPかもしれない…」と思ったら読む本

2021年3月15日　第1版第1刷

著　者　高田明和
発行者　伊藤岳人
発行所　株式会社 廣済堂出版
〒101-0052　東京都千代田区神田小川町2-3-13　M&Cビル7F
電話　03-6703-0964（編集）
　　　03-6703-0962（販売）
FAX　03-6703-0963（販売）
振替　00180-0-164137
URL　https://www.kosaido-pub.co.jp

印刷所
製本所　株式会社 廣済堂

ISBN 978-4-331-52326-1　C0095
©2021　Akikazu Takada　Printed in Japan

定価はカバーに表示してあります。
落丁・乱丁本はお取替えいたします。